D1705979

Wichtige Hinweise

Die in diesem Ratgeber veröffentlichten Tipps und Ratschläge werden von der Autorin selbst praktiziert und mit Erfolg angewendet. Da aber nicht jeder Hund gleichermaßen auf Behandlungsmethoden und/oder alternative Praktiken sowie Erziehungsmethoden reagiert, schließt die Autorin jegliche Haftung und Gewähr für Personen-, Sach-, und/oder Vermögensschäden aus. Die Autorin handelt nach bestem Wissen und Gewissen, dieser Ratgeber wurde nach dem aktuellen Veterinärmedizinischen Wissensstand erarbeitet. Ausdrücklich sei darauf hingewiesen, dass die Autorin kein Heilversprechen abgibt und die praktischen Hinweise in diesem Buch die Untersuchung und Betreuung durch einen Tierarzt oder einer Tierklinik unter Umständen nicht ersetzen. Die Verantwortung über die Anwendung der in diesem Ratgeber vorgeschlagenen Empfehlungen liegt alleinig beim Tierhalter.

Herstellung und Verlag: Books on Demand GmbH, Norderstedt

Cover Design: Marion Feldmann, Schrobenhausen

© Copyright – Heilpraktikerin Beate Seebauer

Berechtigt zur Ausübung der Heilkunde gemäß Paragraph §1 des Heilpraktikergesetzes (HeilPrG)

ISBN: 978-3-8423-2475-6

1. Auflage: Oktober 2010

TierTalk® ist ein eingetragenes Markenzeichen Nr. 306 23 437

Bibliografische Information der Deutschen Nationalbibliothek:
Die Deutsche Nationalbibliothek verzeichnet diese Publikation in der Deutschen Nationalbibliografie. Detaillierte bibliografische Daten sind im Internet unter der URL http://www.d-nb.de abrufbar.

Über die Autorin

 Beate Seebauer ist 1971 in einer kleinen Stadt im tiefen Süden Deutschlands geboren, und ihr ganzes Leben schon wurde sie von tierischen Freunden begleitet. Ursprünglich hatte sie durch den Wunsch ihres Elternhauses nach dem Schulabgang eine kaufmännische Ausbildung durchleben dürfen, wirklich erfüllend jedoch fand sie diesen Beruf bereits in ihrer Kindheit nie. Und so kam es, dass sie immer mehr auf der Suche nach ihrer Bestimmung, bzw. auf der Suche nach ihrem Lebensinhalt war.

In dieser Lebensphase entwickelte sich im Laufe der Zeit der spirituelle Weg für sie. Aufgrund verschiedenster Interessensgebiete wie Steinheilkunde, Pflanzenheilkunde und Feng Shui war es nur eine Frage der Zeit, bis sich ihr Interesse in ein komplexeres Fachgebiet, nämlich das der Naturheilkunde, bzw. das des Heilpraktikers verlagerte. Durch eine konkrete Fachausbildung Mensch und Tier helfen zu können, begeisterte sie schon seit Längerem, und so begann sie kurz entschlossen im Jahr 2003 eine umfangreiche Ausbildung zur Heilpraktikerin.

Als staatlich geprüfte und anerkannte Heilpraktikerin widmet sie sich nun mit homöopathischer Naturheilkunde der Hilfe und Unterstützung von Tier und Mensch. Um unsere Schützlinge wieder auf

Vordermann zu bringen, sei es auf seelischer oder auch auf körperlicher Ebene, ist sie als Tiertherapeutin sehr erfolgreich in der Anwendung bioenergetischer Harmonisierungen und radionischer Tierhaaranalysen.

Weitere, detaillierte und ausführliche Informationen zu alternativen und naturheilkundlichen Heiltherapien und Behandlungsmethoden bei Tieren finden Sie auf den Internetportalen der Autorin.

Internet: www.tiertalk.com
               www.tierheilung.com
               www.heiltherapien.com

TierTalk Ratgeber
Durchs erste Hundejahr

Inhaltsverzeichnis

Bevor der Welpe einzieht

Das Hündchen kommt nach Hause

Der erste Tierarztbesuch

Ideale Ernährung 63

Hundeschule

Kastration

Soziale Kontakte

Wachstum

Gefährliche Erkrankungen 101

Verletzungen bei Spiel oder Sport

Vergiftungen

Sommer und Winter

Was noch wichtig ist

Nachwort und Widmung

Glossar

Vorwort

Ich lebe nun schon seit gut 30 Jahren mit Hunden zusammen. Ein Leben ohne ein Hundeschnäuzchen könnte ich mir Heute nicht mehr vorstellen, und so war es nach dem Tod meiner geliebten Hündin Felina im Sommer 2007 im Grunde recht schnell klar, dass wieder ein Hund bei uns einziehen würde, auch wenn wir natürlich nichts überstürzen wollten.

Zu diesem Ratgeber durch das erste Hundejahr inspiriert wurde ich durch meine kleine Hündin Safi, die als Christkind am Heiligabend 2007 zur Welt kam, und im darauf folgenden Februar, also im Alter mit ein wenig über 8 Wochen bei uns einzog. Lebten wir doch über mehrere Jahrzehnte mit Hunden zusammen, so wussten wir dennoch nichts mehr vom richtigen Umgang mit einem Welpen, da man die längste Zeit eines Hundelebens mit erwachsenen Hunden verbringt, und man die Alltäglichkeiten des Anfangs über die Jahre doch recht schnell wieder vergisst. Sich einzulesen, trotz der Tatsache das man glauben könnte man wüsste was zu tun und zu lassen ist, da man ja schließlich seit Ewigkeiten Erfahrung in der Hundehaltung besäße, ist ein absolutes Muss für jeden, der sich nach längerer Zeit wieder einen kleinen Welpen ins Haus holt, insbesondere aber für diejenigen, die noch nie einen Hund als Lebensgefährten hatten.

Dies soll nun kein Buch über Hundeerziehung werden, sondern ein Ratgeber über die vielen Fragen, die im Verlauf eines ersten Hundejahres auf einen zukommen können. Ich gebe Tipps und ziehe Vergleiche, und mit eigenen Erfahrungsberichten werde ich vielleicht die eine oder andere Entscheidung leichter machen können.

Als Heilpraktikerin und erfahrene Tiertherapeutin werde ich bemüht sein, alle wichtigen Themenbereiche und Fragen zur idealen Haltung und dem besten Umgang mit einem Welpen darzustellen, bzw. zu beantworten. Freuen Sie sich zu recht auf die ersten wunderschönen Monate mit Ihrem kleinen neuen Liebling, und genießen Sie diese Zeit, denn sie wird viel zu schnell wieder vorbei sein.

Alles Liebe,

Heilpraktikerin
Beate Seebauer

Bevor der Welpe einzieht

1.1 Der Wunsch, einen Hund zu bekommen

Schon die ersten wichtigen Überlegungen stehen nach dem Entschluss, mit einem Hund leben zu wollen, an. Denn vorab sollte man sich eine der wichtigsten Fragen überhaupt stellen!

„Bin ich dazu bereit, für 12 oder auch mehr Jahre die Verantwortung für ein Lebewesen mit eigener Seele und eigenem Charakter zu übernehmen?"

Haben Sie sich diesen Aspekt wirklich und gründlich überlegt? Nehmen Sie in Kauf, nicht mehr vier Wochen am Stück in den Urlaub fahren zu können in dem Wissen, dass zu Hause jemand ist, der Sie ganz schrecklich vermisst und jede Minute darauf wartet, dass Sie wieder zur Tür hereinkommen? Haben Sie sich gut überlegt, dass Ihr Tier auf Ihre Fürsorge angewiesen ist, dass insbesondere im Alter Ihres Tieres vielleicht erhebliche Tierarztkosten auf Sie zukommen können, oder dass Ihr Hund gutes Futter benötigt und auch sonst Ihr Leben nicht mehr nur Ichbezogen verlaufen kann?

Sind Sie sich im Klaren darüber, dass Ihr Hund regelmäßigen und stetigen Auslauf möchte bzw. braucht, und das auch an Tagen, an denen es regnet oder schneit, stürmt oder die Sonne vom Himmel brennt? Sind Sie auch an Tagen, an denen Sie erschöpft und müde sind dazu bereit, mindestens 1-2 Stunden spazieren zu gehen oder Sport zu betreiben, und das je nach Rasse und Größe Ihres Hundes unter Umständen für die nächsten 8-10 Jahre?

Sind Sie sich bewusst, dass Ihr Liebling Gefühle und Ängste ebenso empfindet wie Sie selbst, eine Trennung also ebenso schmerzhaft, traumatisch und unverständlich empfindet, wie Sie es selbst empfinden würden? Haben Sie sich ernsthaft überlegt, auch die Verantwortung in unbequemen Situationen zu übernehmen, z.B. wenn Ihr Hund alt und eventuell krank wird?

Unsere Tiere werden alt und manchmal auch krank, etwas an das man Heute in aller Regel natürlich noch nicht denken mag, denn das Alter oder auch eine Krankheit sind ja noch in weiter Ferne. Leider kommt diese Zeit aber viel schneller als man denkt, das kann ich Ihnen aus eigener Erfahrung versichern. Viel zu oft stellt sich im Nachhinein heraus, dass wir Menschen uns darüber nicht ausreichend Gedanken gemacht haben. Alte Tiere werden dann manchmal abgeschoben, wenn sie unbequem und unter Umständen auch teuer geworden sind. Ein einziger Blick in die hiesigen Tierheime genügt, um derlei Abgründe aufzutun.

Machen Sie sich nur einmal bewusst, dass Sie sich zwar einen Hund nach Belieben, also nach Rasse, Fellzeichnung und Größe aussuchen können, Ihr künftiges Hündchen aber nicht die Möglichkeit hat, sich seinen Menschen auszusuchen, und Ihnen wird klar werden, wie viel Vertrauen so ein kleiner Zwerg in seine neuen Menschen legen muss. Wir übernehmen viel Verantwortung für diese schutzlosen Lebewesen, denn sie sind uns auf Gedeih und Verderb ausgeliefert, und das nicht nur für 4 oder 6 Wochen, nicht nur für 5 Monate oder 2 Jahre, sondern für ein ganzes langes Hundeleben.

Und wenn Sie jetzt immer noch bereit dazu sind und den großen Wunsch verspüren, einen Hund als Partner haben zu wollen, dann kann ich Ihnen versprechen, Ihr Leben wird reicher und schöner werden als je zuvor. Von nun an wohnt da jemand bei Ihnen, der sie bedingungslos lieben wird, absolut loyal ist und Ihnen jeden Tag aufs Neue zeigt, wie schön das Leben sein kann.

Ich gratuliere Ihnen zu Ihrem Mut, Ihr Vertrauen wird ganz bestimmt belohnt werden.

1.2 Welche Rasse ist die Richtige für mich

Die nächste Frage, die Sie sich unbedingt stellen sollten ist, welcher Hund bzw. welche Rasse der oder die Richtige ist. Da gibt es recht kleine Hunderassen, die zwar keine 10km Auslauf am Tag brauchen, aber und dennoch nicht weniger Aufmerksamkeit benötigen wie große und lauffreudige Rassen. Dann gibt es die Rassen der Hütehunde, die keinesfalls in einen Haushalt gehören, in denen den ganzen Tag niemand zu Hause ist, da Rassen wie Australien Shepherds oder Border Collies nicht nur körperlich, sondern auch geistig gefordert sein möchten und müssen. Und natürlich gibt es da die vielen unterschiedlichen Terrier Züchtungen, die einem so Manches abverlangen, möchte man einen ausgeglichenen, zufriedenen und rundum glücklichen Hund sein Eigen nennen. Wir Menschen haben unsere Wünsche und Bedürfnisse, und insbesondere wir Menschen sind sehr darauf bedacht, unsere Freizeit mit Sinnvollem und Vergnüglichem zu füllen, was für einen Hund natürlich gleichermaßen gilt. Hunde haben wie auch wir eigene und Jahrmillionen alte Instinkte, die einfach ausgelebt werden wollen, um wie wir am Abend ruhig und gelassen sich des abgelaufenen Tages erfreuen zu können.

Egal also, auf welche Rasse sich Ihr Interesse bezieht, ob Husky, Beagle, Schäferhund, Terrier oder Mischling, jede Rasse hat wie wir ihre ganz speziellen Wünsche und Bedürfnisse, und sie stellt deswegen einfach bestimmte Anforderungen an uns, die wir geradezu verpflichtet sind zu erfüllen. Deswegen ist es nicht nur wichtig zu wissen, welche Rasse man möchte, sondern noch viel wichtiger ist: „Welche Rasse passt zu mir und meinen Lebensumständen?"

✓ **In guten Buchhandlungen** oder Internetshops gibt es ausreichend Literatur zu diesem Thema, genügend Rezensionsbewertungen sind immer ein gutes Indiz, ein Buch mit hilfreichem Inhalt zu finden. Es ist wirklich ratsam sich hier vorab umfangreich zu informieren und zu belesen, denn wir wollen unserem Tier doch schließlich gerecht werden, oder nicht?

1.3 Züchter, Privat oder aus dem Tierheim

Zu diesem Thema gibt es sehr viel zu sagen, denn leider gibt es noch immer um ein Vielfaches mehr an schwarzen Schafen, als wir zu glauben wagen. Ein guter Züchter zeichnet sich darin aus, dass die Elterntiere und der Nachwuchs zusammen zu besuchen bzw. zu besichtigen sind. Zudem wird ein guter Züchter sein Augenmerk auf nur 1 Rasse legen, und nicht gleich mehrere Rassen unter einen Hut bekommen wollen, nur um seinen Profit zu steigern. Der gute Züchter wird zudem und ohne Umschweife dazu bereit sein, alle Ihre Fragen bis ins Detail zu beantworten, und ein guter Züchter gibt seine Tiere natürlich niemals unter dem Alter von 8 Wochen ab, da Welpen ihre Mutter bis dahin mindestens und unbedingt brauchen.

Sollten Welpen länger als 8 Wochen beim Züchter gewesen sein, bis sie in ihr neues zu Hause geholt werden, sollten Sie am besten schon auf diverse Dinge aus unserem Alltag geprägt worden sein, wie zum Beispiel das Autofahren, der Umgang mit Kindern, das Staubsaugen, und natürlich auch andere Tiere. Die stärkste Prägungsphase beginnt beim Welpen ab der 8. Woche und man sagt: „Was Puppies zwischen der 8.ten und 12.ten Woche lernen, prägt sich am Stärksten ein, und das Positives wie Negatives gleichermaßen. Hat der Welpe also in diesem Zeitraum bereits das Autofahren oder den heimischen Staubsauger kennen gelernt, werden sie zu Hause keine Probleme mehr damit haben, sollten Sie Ihren Welpen erst in der 10.ten oder auch 15.ten Woche nach Hause holen. Andererseits jedoch: Sollte der Welpe in diesem Zeitraum Negativerfahrungen gemacht haben, könnten Sie es schwer haben, solch einschneidende Erlebnisse jemals wieder in den Griff zu bekommen.

Nun verlangen Züchter natürlich Geld für einen Hund, und je bekannter ein Kennel ist, umso teurer wird das Hündchen am Ende auch werden, je nachdem, um welche Rasse es sich handelt. Die Welpen sollten natürlich geimpft, entwurmt und gechippt sein. Nebenbei  sei noch bemerkt, dass HD-freie Hundeeltern **nicht zu 100%** dafür garantieren, dass die Welpen das dann auch sind. Egal ob die Eltern prämiert und HD-frei sind oder nicht, das spielt keine Rolle und schließt die Erkrankung einer Hüftgelenksdysplasie (HD) manchmal sogar bereits bei Junghunden im Alter von nur 1-2 Jahren in keinem Fall aus. Eine Garantie gibt es leider nicht, auch wenn Züchter das manchmal und gerne so verkaufen.

Neben seriösen Züchtern, die großen Wert auf gut sozialisierte und gesunde Hunde legen, gibt es vornehmlich aus den Ostblockländern leider auch immer mehr so genannte Vermehrer. Man spricht mittlerweile von einer international organisierten und agierenden Hundemafia. Und um potentielle Käufer z.B. aus Deutschland dazu zu bewegen, weiterhin deren Welpen zu kaufen, karren sie die kleinen Hunde Lastwagenweise nach Holland und Belgien, um sie dann von dort aus auf den Markt zu bringen. Bereits aus Tierschutzgründen ist von solchen Käufen dringend abzuraten. Die Welpen werden meist mit 4-6 Wochen und manchmal noch früher von ihrer Mutter getrennt, was aus Gründen der Sozialisierung alleine schon mehr als verwerflich ist. In diesem Alter sind Welpen noch nicht oder nicht ausreichend von der Muttermilch entwöhnt und haben deswegen oft ein sehr schwaches Immunsystem, oder eine sehr labile Psyche. Was letztlich nicht schwer zu verstehen ist, da nur allzu oft nur 3-4 Wochen junge Welpen in verschlossenen

Kartons in einen lauten, kalten und dunklen Kofferraum gesteckt, und ohne Pause hunderte Kilometer gefahren werden, um sie dann auf irgendwelchen Märkten zu Billigstpreisen zu verhökern. Nicht selten sterben nicht wenige Hunde dabei, da sie dem Stress dieses Traumas einfach nicht gewachsen sind.

Viele der Tiere die aus Ostblockländern stammen, haben zudem bereits schwere Krankheiten wie zum Beispiel Parvovirose, ein oftmals tödlicher und sehr ansteckender Virus. Leider sind diese Vermehrer nicht immer auf den ersten Blick zu erkennen, da sie Taktischerweise Telefon-, oder Handynummern und Scheinadressen in Deutschland besitzen. Ein Erkennungsmerkmal ist in jedem Fall, dass ein Welpe zu Ihnen nach Hause gebracht werden soll, oder Sie sich mit dem Züchter auf einem Parkplatz an irgendeiner Autobahn

treffen müssen. Zudem dürfen Sie die Elterntiere nicht sehen, bzw. können aus welch fadenscheinigen Gründen auch immer die Wurfkiste selbst nicht besuchen. Verständlicherweise auch, denn man ist hier schlichtweg darauf bedacht, so viele Welpen wie nur möglich zu verkaufen, und so werden Hündinnen meist in dunklen Verschlägen gehalten und nur 2-3mal pro Jahr dem grellen Licht ausgesetzt, um künstlich mehrere Läufigkeiten zu erzeugen, als es die Natur vorgesehen hat. Je mehr Würfe, umso mehr Welpen bleiben am Ende übrig, auch wenn ein Teil davon wegen der katastrophalen Haltung stirbt, einmal abgesehen davon, dass das Muttertier mit 4-5 Jahren sprichwörtlich kaputt ist und oftmals einfach erschossen wird, da sie als Zuchttier nichts mehr einbringt.

Und das einfache Erschießen einer ausgemergelten Mutterhündin ist dabei sogar meist noch die humanste Lösung. Ein seriöser Züchter würde seine Hündin niemals im gleichen Jahr noch einmal decken lassen. Deswegen überprüfen Sie sehr gut, bei wem Sie Ihren neuen Liebling erwerben wollen, denn nur durch die Nachfrage nach „günstigen" Hunderassen geht das unsägliche Leid der Tiere immer weiter und weiter und weiter!

„Der seriöse Züchter"

✓	**Hat nicht das ganze Jahr** über Welpen zum Verkauf
✓	**Wartelisten:** Züchter lassen die Hündin erst dann decken, wenn genug Interessenten für einen Wurf vorhanden sind
✓	**Lädt Sie zu** sich nach Hause ein, um Sie kennen zu lernen und Ihnen die Elterntiere der Welpen zeigen zu können
✓	**Kann alle Papiere** mit Stammbaum nachweisen
✓	**Gibt die Tiere** keinesfalls vor der 8. Lebenswoche ab
✓	**Erkundigt sich nach** Ihren Lebensumständen um herauszufinden, ob Sie der Rasse gerecht werden können
✓	**Verkauft Welpen nur** geimpft, gechippt und entwurmt
✓	**Schliesst einen** ordentlichen Kauf-, oder Schutzvertrag ab
✓	**Lässt seine Hündin** nur 1mal im Jahr decken
✓	**Steht mit Rat und Tat** zur Seite
✓	**Lässt mehrfach** Besuche zu und erwartet diese von Ihnen

„Der unseriöse Züchter bzw. Vermehrer"

- ✓ **Bietet mehrere** und verschiedene Hunderassen an
- ✓ **Mehrere Würfe im Jahr**, hat immer Welpen zum Verkauf
- ✓ **Lädt nicht zu sich** nach Hause ein, um die Elterntiere und die Wurfkiste sehen zu können
- ✓ **Verkauft Welpen** auf Märkten und bei sonstigen zwielichtigen Gelegenheiten
- ✓ **Tiere sind meist** schreckhaft und bereits augenscheinlich in schlechtem Zustand
- ✓ **Hat weder Papiere** noch Stammbaum der Elterntiere
- ✓ **Erkundigt sich nicht** über Sie und Ihre Lebensumstände
- ✓ **Gibt Welpen im Vergleich** zu seriösen Züchtern vergleichsweise günstig ab
- ✓ **Bringt den Welpen** persönlich bei Ihnen Zuhause vorbei
- ✓ **Trifft sich aus** irgendwelchen Gründen mit Ihnen auf einem Autobahnparkplatz
- ✓ **Veräußert Welpen** ausschließlich über das Internet
- ✓ **Verschickt Welpen nach** einem Verkauf im Karton auf dem Postweg

Erbärmlich, werden Sie jetzt denken. Wie kann es Menschen geben, die einem kleinen wehrlosen Lebewesen so etwas des Geldes wegen nur antun. Leider aber zeigt die Realität, dass es viel zu viele gibt, die genau so und noch schlimmer arbeiten, ohne sich auch nur ansatzweise darüber Gedanken zu machen, was sie hier tun. Adressen von seriösen Hundezüchtern erfahren Sie bei allen anerkannten Zuchtverbänden in Deutschland. Nur wenn es keinen Markt mehr für Billighunde aus dem Ausland gibt, wird dieses Elend endlich ein Ende haben, denn nur wenn diese Menschen keine Einkommensgrundlage mehr haben, werden sie einer anderen und hoffentlich humaneren Beschäftigung nachgehen.

Wer sich aus finanziellen Gründen nun keinen seriösen Züchter leisten kann oder mag, der hat natürlich noch zu jeder Zeit die Möglichkeit, sind nach Welpen aus privaten Haltungen und besser noch, aus Tierheimen umzusehen, die geradezu überfüllt sind mit Hunden allen Alters. Oder über geeignete und seriöse Tierschutzorganisationen nach einem geeigneten Hund für die Familie Ausschau zu halten, wäre ebenfalls eine sehr lobenswerte Möglichkeit.

Viele Hilfsorganisationen und Tierheime vermitteln zwar auch Welpen, doch sind sie natürlich erst einmal darauf bedacht, Hunde die schon länger im Tierheim sitzen, oder bereits etwas fortgeschrittenen Alters sind, zu vermitteln. Und das deswegen, weil ältere Hunde meist nicht so gefragt sind wie Junghunde oder kleine

Welpen. In jedem Fall aber sollte man die Überlegung des Tierheimes oder Tierschutzes nicht einfach außer Acht lassen, denn auch weniger geliebte Rassen und Mischlinge sind sehr interessant, und nicht immer hält der Rassehund das was er verspricht. Insbesondere in Hinsicht auf gesundheitliche Aspekte sind Mischlinge sogar meist die Resistenteren, da Rassehunde oftmals überzüchtet sind und bereits genetische Krankheiten oder Fehlstellungen des Knochenbaus und der Zähne, sowie sonstige Behinderungen wie Blind-, oder Taubheit aufweisen. Und sind wir doch mal ehrlich, den „perfekten" Hund wird es ebenso wenig geben wie den „perfekten" Menschen. Wir alle haben unsere Macken, Mensch wie Tier, und sollten Sie sich für einen Hund aus dem Tierheim oder Tierschutz entschieden haben, so haben Sie in jedem Fall auch noch etwas Gutes dabei getan. Einem so kleinen Geschöpf zu ermöglichen, bereits die Prägungsphase in einem richtigen Zuhause mit viel Liebe und vielen sozialen Kontakten erleben zu dürfen, ist eines der schönsten Geschenke, die wir Menschen uns selbst machen können.

Ich persönlich habe sowohl die Erfahrung mit einem Tierheim, als auch mit der privaten Vermittlung eines Welpen, und kann nur Positives darüber berichten. Wir informierten uns einige Monate nach dem Ableben unserer Hündin über viele verschiedene Hunderassen, und das natürlich auch bei seriösen Züchtern. Da wir aber der Meinung sind, dass sich der Hund seine Menschen aussuchen sollte und nicht umgekehrt, spielte es für uns letztlich überhaupt keine Rolle, ob die Farbzeichnung des Felles genau so ist wie es der Zuchtverband vorgibt, und so war unsere Überlegung, unseren zukünftigen Lebensgefährten bei einem Züchter zu suchen, relativ schnell wieder vom Tisch. Und als mir eine Freundin von einem Wurf kleiner Mischlingswelpen auf einem Bauernhof hier in Südbayern

erzählte, die an Weihnachten, also genau am Heilig Abend geboren wurden, war die Entscheidung nach dem ersten Besuch der Babys im Grunde bereits und sofort gefallen. Auch unsere Bedenken, die Welpen würden im Stall aufwachsen und die erste Sozialisierung beziehe sich primär auf Traktoren, Kühe, Schafe und Katzen, hatten sich im Nachhinein als völlig grundlos herausgestellt. Die Mama der Kleinen hatte ganze Arbeit geleistet, so dass alle Welpen von Beginn an nicht nur auf viele verschiedene Tiere geprägt waren, sondern auch bereits auf die Gefahren des Straßenverkehrs, was genau genommen sogar ein Glücksgriff war, denn noch nie hatten wir einen Hund der derart positiv auf alle Lebewesen, gleich ob Mensch oder Tier, geprägt war.

Und dennoch ist es für jeden persönlich wichtig, je nach Lebensumständen eigene Entscheidungen zu treffen und sich im Vorfeld erschöpfend zu informieren, und das selbst wenn man glaubt, bereits seit Jahrzehnten Hunde gehalten zu haben. Einen Puppy nach Hause zu holen ist eine komplett andere Baustelle und hat mit der Haltung erwachsener Hunde erst einmal nicht wirklich viel zu tun, so dass es für jeden von uns mit gutem Menschenverstand und moralisch gesundem Gewissen geradezu eine Pflicht ist, sich vorab umfangreich zu informieren. Nur so kann verhindert werden, dass im Prinzip nur wenige Monate später möglicherweise alles in einem Desaster endet.

1.4 Anschaffung der Hundeerstausstattung

Endlich steht es fest, wir wissen welcher kleine Hund bei uns einzieht und freuen uns schon riesig auf den Tag. Es wird sicher von Vorteil sein, sich bereits im Vorfeld schon die wichtigsten Utensilien anzuschaffen und nicht erst wenn der Welpe eingezogen ist. Wir wollen es unserem Neuankömmling ja von Anfang an so schön wie möglich machen. Und so ist eine „Erstlingsausstattung" durchaus angebracht.

„Dazu gehören"

➤ **Ein Körbchen oder Kissen** das nicht zu groß sein sollte, da der Hund die Geborgenheit der Mutter sonst noch mehr vermissen würde.

➤ **Zwei Hundenäpfe**, jeweils einen für immer frisches Wasser, und natürlich einen für das Futter. Aus gesundheitlichen Gründen sollte man von Beginn an höhenverstellbare Näpfe verwenden (am besten aus Keramik), da Langzeitstudien aufweisen, dass Hunde, die ihr ganzes Leben immer in gebeugter Haltung, also im Stand mit dem Kopf am Boden Wasser und Nahrung zu sich genommen haben, im fortgeschrittenen Alter eher bzw. öfter an Herzerkrankungen leiden.

➤ **Zusätzlich benötigen Sie** ein Halsband mit einer mindestens 2,50m bis 3,00m langen Leine, oder gerne auch ein passendes Hundegeschirr, das aber besser erst dann besorgt wird, wenn der Welpe bereits da ist, da es unbedingt gut passen sollte. Lassen Sie sich dazu am besten im Fachhandel und vom Fachpersonal beraten, nicht immer aber ist das augenscheinlich schönste Geschirr auch das Beste. Immer wieder einmal wird man vor der Frage stehen: „Heute Halsband oder Hundegeschirr". Erfahrungsgemäß nun ist das Halsband nicht für alle Anlässe geeignet. Bei Halsbändern besteht zudem die Gefahr von Kehlkopfentzündungen, wenn der Welpe zum Junghund wird und ins Flegelalter kommt, außerdem rutschen Hunde in Gefahrensituationen zu leicht aus Halsbändern heraus.

Beim Hundespiel mit angelegtem Geschirr sollte man darauf achten, dass das Geschirr wirklich gut sitzt, damit sich andere Hunde nicht daran festbeißen und im Gebissbereich verletzen können. Mit einem Brustgeschirr ist die Zugkraft des Hundes zudem nicht am empfindlichen Kehlkopf, sondern mit dem richtigen Geschirr direkt am Brustbein. Zudem ist es ratsam, sich für ein Geschirr zu entscheiden, das man auf beiden Seiten öffnen kann, damit insbesondere der kleine Hund nicht mit einem Fuß förmlich hinein zu steigen hat. Da Welpen alles erst noch lernen müssen, ist es besonders wichtig auf solche Kleinigkeiten zu achten, damit das Anziehen später einmal so stressfrei wie nur möglich ist. Viele Hunde mögen Geschirre nicht wirklich und manchmal können aus solch scheinbaren Nebensächlichkeiten Abneigungen entstehen, die man ein ganzes Hundeleben lang nicht mehr wirklich in den Griff bekommt.

Füttern Sie zu Beginn am besten das bislang beim Züchter, beim Privatmann oder im Tierheim gegebene Futter. In einem späteren

Abschnitt dieses Buches werden wir noch genauer auf die Ernährung an sich eingehen.

Und nicht zu vergessen ist natürlich noch das richtige Welpenspielzeug. Es ist sehr wichtig, kleines und für die Zähne eines Welpen geeignetes Spielzeug zu kaufen, Vorsicht jedoch ist bei kleinen Bällen

gegeben. So unglaublich sich das auch anhören mag, die Zahl der Welpen, die an zu kleinen Bällen ersticken, ist unglaublich! Deswegen wählt man am besten immer Bälle aus, die nicht zu klein sind und verschluckt werden können. Beißringe aus Kautschuk eignen sich gerade im Alter des schmerzhaften Zahnwechsels hervorragend. Da aber in Billigstmärkten, in denen Kaukochen aus Gummi nur 99 Cent kosten, meist giftige Inhaltsstoffe zu finden sind, sollte man sich beim Kauf von Hundespielzeug, wie Decken, Kissen und sonstigem Hundezubehör nicht auf solcherlei Billigprodukte einlassen. Der langfristige und gesundheitliche Schaden, den man dabei anrichten könnte, ist nicht abzusehen. Idealerweise besorgt man Spielzeug für seinen Hund in einem Fachgeschäft für Kinder, da giftige Inhaltsstoffe wie künstliche Weichmacher in Kinderspielzeugen EU-weit verboten sind.

1.5 $\mathcal{M}$aßnahmen zur Sicherheit im und ums Haus

Ich gratuliere Ihnen noch einmal, Sie haben sich dazu entschlossen, einen Hund in Ihr Leben zu lassen. Eines dieser wunderbaren und treuen Geschöpfe, denen man am liebsten keinen Wunsch abschlagen möchte. Mit steinerweichenden Blicken werden auch Sie bald um die kleine Pfote gewickelt werden. Da Welpen aber wie alle jungen Tiere von Natur aus sehr neugierig sind, ist es wichtig, dass Sie Ihr Haus Drinnen wie Draußen welpensicher machen.

„Im Haus"

➤ **Da kleine Hunde** gerne und überall Ihre Nase hineinstecken, sollten alle Steckdosen mit Kindersicherungen versehen werden.

➤ **Treppenauf-, und -abgänge** sollten mit Gittertüren gesichert werden, so dass ein Welpe in den ersten Tagen nicht hinunterfallen kann. Vor allem nachts, wenn das Hündchen eventuell orientierungslos in seinem neuen Heim umherläuft.

➤ **Putzmittel aller Art** sollte nicht am Boden oder in Reichweite stehen, da das Interesse an allen unbekannten Gerüchen enorm ist.

➤ **Bei glatten Böden wie Laminat** und Parkett sollte man darauf achten, beim Spielen etwas vorsichtig zu sein, da der Stand eines kleinen Hundes doch noch sehr wackelig ist und dadurch ein erhöhtes Verletzungsrisiko für Sehnen und Gelenke besteht.

➤ **Achten Sie zudem auf unbeachtet** brennende Kerzen und offene Backofentüren, da sich der Welpe daran ganz empfindlich die Nase verbrennen kann.

➤ **Entfernen Sie alle giftigen** Zimmerpflanzen aus der Reichweite des Welpen. Die Kleinen haben in den ersten Lebensmonaten einen sehr großen Drang, alles in den Mund zu stecken und anzuknabbern. Über die wichtigsten Giftpflanzen im Haus folgt in einem späteren Kapitel noch mehr.

„Meine Safi hatte 6 niedliche Geschwisterchen. Eines ihrer kleinen Brüder, der aus Unwissenheit seiner Menschen bereits in der 7. Lebenswoche abgeholt wurde, ist in der zweiten Nacht in seinem neuen Heim tödlich verunglückt. Die Treppenabgänge waren nicht gesichert, der Welpe wurde zudem nicht ins sichere Schlafzimmer genommen, und so ist er nachts die Treppen des ersten Stockes hinuntergefallen und hatte sich das kleine Genick gebrochen. Ein schreckliches Unglück, das mit Leichtigkeit hätte verhindert werden können. Farewell, kleiner Mann…"

„Ums Haus"

➤ **Haben sich kleine**
Welpen erst einmal ein
wenig eingelebt und sind
sie mit ihrer neuen
Umgebung schon etwas
vertrauter geworden,
trauen sie sich auch auf

einmal mehr zu. Achten Sie darauf, dass die Umzäunung Ihres
Gartens keine Lücken aufweist, durch die der Welpe
hindurchschlüpfen könnte, um die Nachbarschaft auf eigene Faust zu
erkunden.

➤ **Auch bei Kellerabgängen** sind wieder Treppen. Besonders in
den Wintermonaten bei Schnee und Glatteis können vereiste
Treppen schnell zu Mausefallen werden, die mit Knochenbrüchen
und Gelenks-, wie Sehnenverletzungen enden können.

➤ **Sollten Sie ein Gartenhäuschen** in Ihrem Garten aufgestellt
haben, so achten Sie unbedingt darauf, eventuell gelagertes
Gartenwerkzeug und Düngemittel wie Schädlingsbekämpfungsmittel
außer Reichweite des kleinen Welpen aufzubewahren. Gleiches gilt
für Garagen mit Benzinkanistern und Schmierstoffen aller Art.

➤ **Und auch in unseren heimischen Gärten** gibt es wieder
jede Menge Pflanzen, die für Hunde nicht geeignet, ja sogar sehr

giftig sind. Über die wichtigsten Giftpflanzen im Garten erfahren Sie später in einem anderen Kapitel noch mehr.

Pauschal gesagt: Wenn Sie Ihr Heim absichern möchten, so dass besonders in der so wichtigen Prägungsphase eines Welpen keine langwierigen Verletzungen und dadurch bedingte Traumen entstehen, dann gestalten Sie Ihr Haus und Ihren Garten einfach kindersicher. Alle Kinder, egal ob Mensch oder Tier, sind sehr unternehmungslustig, untersuchen alles Neue, gehen mit Begeisterung unbekannten Gerüchen nach, und stecken ihre Nase im jugendlichen Übermut auch ganz gerne einmal in Dinge, die ihnen nicht immer gut tun. Mit einem gesunden und lebenslustigen Hund werden Sie für lange Zeit Ihre wahre Freude haben. Nur ein wenig Aufmerksamkeit ist notwendig, um von Beginn an die richtigen Vorbeugungsmaßnahmen zu treffen.

$\mathcal{D}$as Hündchen kommt nach Hause

2.1 $\mathcal{D}$er erste Tag ohne Mama und Geschwister

Dieser Tag wird von uns Menschen meist bereits im Vorfeld mit großer Vorfreude herbeigesehnt, doch machen wir uns keine Gedanken, dass wir den kleinen Welpen von seiner Mama und den Geschwistern von Jetzt auf Dann einfach so trennen. Ein plötzlicher Abschied, weg vom vertrauten Nest, fremde Menschen und in ein neues Zuhause. Auch Tiere kennen natürlich Gefühle wie Traurigkeit und Einsamkeit, und es ist so viel Neues, was Ihr neuer Mitbewohner an nur einem Tag verkraften muss. Veranstalten Sie keine Willkommensparty, Ihr Hündchen braucht jetzt erst einmal Ruhe und etwas Zeit zur Eingewöhnung.

Sie können es dem kleinen Welpen aber auch ein bisschen erleichtern, indem Sie eine Decke oder ein Handtuch schon 1 Woche vorher mit ins Welpennest legen. So kann das Hundebaby auch im neuen Zuhause den vertrauten Geruch von Mama und den Geschwistern wahrnehmen. Zudem können Sie den Welpen mit Bachblüten unterstützend helfen.

Lassen Sie den Welpen insbesondere in den ersten 1-2 Tagen keinesfalls alleine in einem Raum, auch nicht für nur 5 Minuten. Das Gefühl des Verlustes wird dadurch unnötig gefördert, denn bedenken Sie immer, der kleine Hund ist noch sehr fremd bei Ihnen. Sie sind das Einzige, das er im Augenblick aus seiner Sicht noch hat. Er wird sich die erste Zeit ausschließlich an Ihnen orientieren, Sie sind jetzt der einzige, und wichtigste Freund zugleich.

Wenn Sie den Welpen beim Züchter, Privat oder im Tierheim abholen, so denken Sie bitte daran, nicht zu lange an einem Stück mit dem Auto zu fahren. Planen Sie unbedingt angemessene Pausen zum Lösen ein, insbesondere wenn der Heimweg recht weit sein sollte. Und um den kleinen Welpen sicher transportieren zu können, empfiehlt es sich, mit Ihrer Erstausstattung eine nicht zu große Kennel Box (Transportbox) zu beschaffen oder auszuleihen. Nach dem Straßenverkehrsgesetz gelten Hunde als Stückgut, das entsprechend gesichert sein muss. Entscheiden Sie sich aber von Beginn für eine nicht zu große Box, in der sich der oder die Kleine regelrecht verlieren würde. Vielleicht statten Sie dem Welpen seine Box bereits mit ein wenig Spielzeug aus. Auch das bereits 1 Woche vorher in die Welpenkiste gelegte Handtuch oder die Decke kann man mit in die Box legen. Und halten Sie am besten

"Bachblüten Empfehlung"

„Rescue Tropfen" ✔

für die Autofahrt. Einfach ein paar Tropfen auf die Decke und das Fell geben

Ab dem 2. Tag

„Star of Bethlehem" ✔
„Walnut" ✔

jeweils 3 Tropfen auf 10ml Pipettenflasche mit kaltem Wasser mischen

Dosis: 2-3 Tropfen
Dauer: 2-3x tgl./7-14 Tage

Körperkontakt, lassen Sie den Welpen nicht alleine in der Box im hinteren Teil Ihres Fahrzeugs.

Ich kann mich noch sehr gut daran erinnern, als meine kleine Maus im Februar 2008 den ersten Schritt in ihr neues Zuhause wagte. Sie wirkte sehr mutig, aber doch hatte man das Gefühl, dass sie innerlich sehr unsicher war. Der erste positive Kontakt war dann im Wohnzimmer, als sie ihre neuen Spielzeuge entdeckte, das sich auch gleich zwischen ihren spitzen Zähnchen wieder fand, noch bevor sie den Rest des Wohnzimmers und der Küche nach und nach erkundete. Sie suchte fortwährend unseren Kontakt und ist entweder auf, oder direkt neben uns gelegen.

Es ist ratsam, den Hund vor allem die ersten paar Nächte mit ins Schlafzimmer zu nehmen. Am besten wäre es natürlich, Ihren Welpen bei Ihnen im Bett schlafen zu lassen. Sollten Sie dies jedoch nicht wollen, so stellen Sie das Körbchen dicht neben das Bett, so dass Sie den Welpen zu jeder Zeit trösten können, sollte er die Nacht über ab und an ein wenig weinen. Nehmen Sie sich in den ersten beiden Wochen am besten Urlaub, und lassen Sie den kleinen Hund keinesfalls von Beginn an 8 Stunden alleine zuhause. Schlafen Sie die ersten Nächte am besten mit einem offenen Auge, denn sobald der oder die Kleine aufstehen und umherwandern, dann sollten Sie das auch tun, denn dann muss man!

2.2 Im neuen Heim mit Katze, Maus und Kindern

Sollten Sie eines oder mehrere Kinder haben, und/oder sollten bereits eines oder mehrere Tiere bei Ihnen leben, so ist es wichtig, einige Grundregeln zu beachten, um alle ohne Probleme aneinander gewöhnen zu können.

Lassen Sie niemals Ihre Kinder, insbesondere Kleinkinder, oder die anderen Tiere mit Ihrem Welpen alleine, auch nicht nur für einige Minuten. Versuchen Sie Ihren Kindern zu lernen, langsam und behutsam auf den kleinen Hund zuzugehen. Versuchen Sie darauf zu achten, dass der kleine Hund während des Spiels immer wieder seine Ruhephasen bekommt, in denen er nicht aus dem Schlaf gerissen wird. Denken Sie einfach daran, wie Sie es mit Ihren Kindern hielten, denn mit einem Welpen verhält es sich ähnlich. Auch der Welpe braucht dringend seine Ruhezeiten und möchte nicht immer gestreichelt oder herumgetragen und -gezogen werden. Ein Hundebaby kann sich nun mal nur wehren, indem es vielleicht einmal schnappt oder knurrt, sollte es ihm zu viel werden.

Wenn der kleine Welpe frisst, sollte er auch dies in Ruhe tun können. Achten Sie bitte auch hier darauf, dass Ihre Kinder dem Hund nichts aus dem Maul nehmen. Ein Hund sollte so erzogen sein, dass man ihm alles wegnehmen kann, ohne dass er nach einem schnappt, aber muss er all dies natürlich erst lernen. Bedenken Sie, dass die Zähne sehr junger Hunde recht spitz und scharfkantig sind, und dass ein Zwicken gerade Kindern durchaus wehtun kann. Insbesondere im Zahnwechsel versuchen die Kleinen alles anzuknabbern, und da können auch schnell einmal die Finger dazwischen sein. Dies ist jedoch absolut normal und kann immer wieder vorkommen. Wenn Ihre Kinder wissen, dass dies passieren kann, werden Sie bestimmt behutsamer und vorsichtiger in solchen Situationen sein. Bitte holen Sie sich keinen Hund nach Hause, weil es der größte Wunsch Ihres Kindes ist, und das Versprechen sich um das Hündchen zu kümmern noch so beteuert wird. Seien Sie sich von Beginn an klar, dass es Ihr Hund sein wird und auch die Verantwortung immer bei Ihnen als Erwachsener liegen wird.

Denken Sie daran, dass der Hund besonders in den ersten Monaten schnell größer wird, und je nach Größe des Hundes ein Kind nicht mehr in der Lage ist, einen herumtollenden und aufgedrehten Hund unter Kontrolle zu haben. Sollte dabei etwas passieren, haften in jedem Fall Sie als Erwachsener. Man kann die Verantwortung, Futter zu geben, den Junghund zu pflegen, oder mit dem Hund zu spielen, durchaus übertragen, aber die täglichen Spaziergänge sollten niemals auf Kinder unter 16 Jahren übertragen werden. Viel zu groß ist die Gefahr in Situationen zu geraten, die man nicht vorher sehen kann. Denn sollte sich ein Hund größerer Rassen im Alter von z.B. 10 Monaten für eine davonrennende Katze interessieren, dann werden sogar Sie als ausgewachsener Mensch Probleme damit haben, den Jagdtrieb und das massiv anziehende Gewicht Ihres Hundes unter Kontrolle zu halten. Wenn Sie dies von Anfang an beachten bzw. beherzigen, werden Ihre Kinder und auch Sie ganz viel Freude mit Ihrem neuen Familienmitglied haben, und sich nicht unter Umständen in einem Drama wieder finden.

Wenn bereits andere Tiere im Haus sind, wie eventuell größere Hunde oder auch Katzen, dann führen Sie den Welpen sehr langsam an die neue Situation heran. Beobachten Sie Ihre Tiere, und nehmen Sie den kleinen Hund bei angespannten Situationen aus dem Geschehen heraus. Sie sollten dabei allerdings keine Scheu oder Angst haben, die Tiere aneinander zu gewöhnen. Auch wenn die Katze vielleicht faucht oder der erwachsene Hund knurrt, seien Sie dennoch stets souverän und halten Sie den Welpen nicht aus diesen Situationen heraus, indem Sie versuchen, ihn von den anderen Hausbewohnern fernzuhalten. Alle zusammen, ob Kinder, Katze oder Goldfisch, müssen sich erst aneinander gewöhnen, und das kann in schwierigeren Fällen auch ein paar Wochen dauern. Es sollte einfach alles mit Bedacht und Geduld geschehen, langsam und ruhig, ohne Panik. Und vernachlässigen Sie Ihre älteren Tiere dabei nicht, sondern geben Sie ihnen das Gefühl, dass sie trotz des so süßen Neuankömmlings ihren Status innerhalb des Rudels nicht verloren haben. Welches

Ihrer Tiere der Rudelführer ist oder sein wird, wird sich von ganz alleine entscheiden, ohne menschliches Zutun.

Um innerhalb des Rudels durch einen neuen tierischen Mitbewohner keinen Zwist entstehen zu lassen, ist es immer hilfreich, alte Gewohnheiten wie gehabt zu behalten. Bekam bislang der älteste Hund in Ihrem Zuhause als erster das Geschirr angelegt, oder wurde er als erster gefüttert, dann behalten Sie das auch weiterhin bei. Dem Welpen wird es ziemlich egal sein, ob der „alte Hund" sein fressen vor ihm bekommt, wichtig wird ihm primär sein, dass er etwas bekommt wenn die anderen Hunde ihr Futter oder ein Leckerli erhalten. Dem bisherigen Rudelführer aber wird es nicht gleichgültig sein, wenn sich durch den kleinen Welpen nun auf einmal sein Status im Rudel verändert hat, so dass durch solche, für uns Menschen meist Nebensächlichkeiten, innerhalb des Rudels alles auf den Kopf gestellt ist und Reibereien oder Schlimmeres entstehen können.

Damit die Eingewöhnungsphase schneller von Statten geht, könnte man alle seine Tiere mit Bachblüten unterstützen. Am besten fängt man damit schon **einige Tage vor dem Einzug** des Hundebabys an, und gibt diese Mischung dann in etwa 14 Tage lang.

"Bachblüten Empfehlung"

„Mimulus" ✓
„Walnut" ✓
„Star of Bethlehem" ✓

Mischverhältnis

jeweils 5 Tropfen auf 20ml Pipettenflasche mit kaltem Wasser mischen

Dosis: 5 Tropfen
Dauer: 3 x tgl. / 14 Tage

41

2.3 $\mathcal{W}$ann und wie wird mein $\mathbf{W}$elpe stubenrein

Der Blasenmuskel Ihres Welpen ist noch nicht so gut trainiert. Deswegen muss die Blase in der Regel und spätestens alle 4 Stunden entleert werden, sonst geht es daneben. Sie dürfen nicht erwarten, dass der kleine Hund bereits nach 1 Woche stubenrein ist. Es wird über 4-8 Wochen einmal so und einmal so sein. Die eine Woche funktioniert alles super, um in der nächsten Woche Tage dabei zu haben, in denen man sich etliche Male mit dem Zewa am Boden wieder findet.

Auch zu nächtlicher Schlafenszeit wird es Ihnen nicht erspart bleiben, den Welpen hinaus zu lassen. Wenn er bei Ihnen im Schlafzimmer schlafen darf, bekommen Sie das recht schnell mit. Der Hund wird unruhig werden, er wird öfter aufstehen und sich einen neuen Platz suchen, so dass es höchste Eisenbahn ist zu handeln. Und wenn es dennoch passiert, stecken sie die Nase des kleinen Hundes niemals in die Pfütze, solch Methoden aus der Steinzeit sind schon lange nicht mehr zeitgemäß und überholt. Schimpfen Sie mit dem Welpen auch nicht, denn es war nicht sein Fehler, sondern Ihrer, denn sie waren einfach nicht schnell genug, das sollten Sie bitte nie vergessen. Geht etwas daneben oder klappt irgendetwas nicht so wie Sie es möchten, dann liegt der Fehler bei Ihnen alleine, denn der Hund macht keine Fehler.

Manche nehmen die so genannte Zeitungsmethode zur Hilfe. Es werden dabei Zeitungen ausgelegt, auf die der Welpe machen darf. Ich persönlich würde diese Methode nicht in Erwägung ziehen, denn wenn sie dem Hund einmal erlaubt haben auf das Papier zu machen, dürfen Sie nicht vergessen, dass Sie ihm das dann auch irgendwann wieder abgewöhnen müssen. Aber wenn Sie geduldig sind und gut aufpassen, werden Sie sehr schnell erkennen, wann der Welpe muß. Es liegt nur an Ihrer Aufmerksamkeit.

Und auch, wenn Sie schon einmal einen Hund hatten, bedenken Sie bitte, der Welpe muss so gut wie alles erst einmal neu erlernen. Selbstverständliche Dinge, die von erwachsenen Hunden eben wie selbstverständlich ausgeführt oder auch eingehalten werden, kennt Ihr Puppy noch nicht, so dass Welpen schon alleine aus Unwissenheit keine Fehler machen können.

✓	**Nach wirklich** jedem Essen im Freien lösen lassen
✓	**Wird der Welpe** Nachts unruhig, sofort rauslassen
✓	**Der Rhythmus ist** zu Beginn etwa alle 4 Stunden
✓	**Niemals schimpfen** und auf keinen Fall schlagen
✓	**Bitte bedenken Sie**, dass es Ihr eigener Fehler war

2.4 $\mathcal{W}$ie lange dürfen die Spaziergänge sein

Spaziergänge gestalten sich zu Beginn gar nicht so einfach, wie Sie sich das vielleicht vorstellen. Die Welt der Gerüche außerhalb Ihres Hauses ist riesig. Welpen sind in der Regel erst einmal und gar nicht so selten total überfordert. So liegt es an Ihnen, den kleinen Hund langsam zu animieren, damit er Ihnen folgt. Ein Spaziergang muss, bzw. soll bei einem 8 Wochen alten Welpen nie sehr lange sein. Überfordern Sie ihn nicht, denn die Gelenke, Sehnen und Knochen sind noch im Wachstum, und zu viel Bewegung kann schädlich sein. Außerdem sind die Bewegungen des kleinen Hundes zu Anfangs noch recht tapsig bis unsicher. Sie können also wirklich froh sein, wenn Sie es erst einmal ein paar Meter weit von der Gartentür weg schaffen.

Wundern Sie sich also nicht, wenn Ihr Welpe schnell wieder nach Hause möchte, das ist am Anfang ganz normal. In der Regel legt sich dieses Verhalten aber gut 2 Wochen später. Sie müssen auch nicht so lange unterwegs sein, bis sich der kleine Hund löst, denn das

Als Richtwert gilt ✔

„Pro Alterswoche"
1 Minute Spaziergang

Bei einem 8 Wochen alten Welpen wären das bei jedem Spaziergang nur **8 Minuten**, gerne jedoch **2-3 Mal am Tag**

44

passiert außerhalb des Grundstücks zu Beginn eher selten. Wer ein Haus mit Garten hat, wird feststellen, dass der Welpe vielleicht sogar über Monate hinweg sein Geschäftchen lieber zu Hause verrichtet. Auch das ist völlig normal. Meine Safi begann erst mit gut 10 Monaten, sich auf unseren Spaziergängen zu lösen. Erwarten Sie auch hier nicht zuviel.

Es ist aber sehr wichtig, schon jetzt an jedem Tag nach Draußen zu gehen, damit sich die Tiere von Beginn an nach und nach an alles Neue gewöhnen können. An die vielen unterschiedlichen Geräusche, Autos, Radfahrer, Fußgänger, Züge und Flugzeuge. An all dies muss sich Ihr Hundekind natürlich erst noch gewöhnen, und je öfter er diese Reize erlebt, umso sicherer wird er werden. Doch bedenken Sie, den Hund dabei nicht zu überfordern. Sie merken am Verhalten des Tieres sofort, ob er mit einer Situation überfordert ist. Der Welpe wird sich einfach hinsetzen und sich kratzen, oder er legt die Ohren an und zieht den Schwanz ein. Mit angelegten Ohren gähnen ist ebenfalls ein eindeutiges Indiz. Nehmen Sie den Hund sofort aus der Situation, geben Sie ihm Sicherheit und Halt. Beruhigen Sie ihn, und ermutigen Sie Ihr kleines Hündchen mit einem Leckerli und lieben Worten.

✓	**Pro Alterswoche** ca. 1 Minute Spaziergang
✓	**Nicht zu viele** Eindrücke auf einmal vermitteln
✓	**Den Welpen nicht** sofort der Familie vorstellen
✓	**Höchstens 2-3 Mal** täglich spazieren gehen

2.5 Ab wann prägt man Welpen auf die Umwelt

Generell ist hier zu sagen, dass es unheimlich wichtig ist, dass Sie Ihrem Liebling so viel wie möglich zeigen, und selbst beibringen müssen. Sollten Sie einen Hund an Ihrer Seite haben wollen, der souverän jede Situation meistert ohne sich zu fürchten, und ohne dabei überfordert zu sein, dann müssen Sie ihm so viele dieser Situationen wie nur möglich mit viel Geduld und Ausdauer beibringen. Die zweite Prägungsphase beginnt bei Hunden mit 8 Wochen. Es ist ratsam, langsam mit allem anzufangen, aber erst dann, wenn der Hund sich in seinem neuen Zuhause bereits etwas eingelebt hat. Sie sollten den Welpen außerdem nur langsam und schrittweise ans Autofahren gewöhnen, an die Stadt, an viele Menschen und andere Tiere, und all die anderen Dinge, die für Sie noch wichtig sind.

„Als Safi bei uns eingezogen war, gingen wir mit ihr in der zweiten Woche in die Stadt. Wir ließen sie nicht nur und ausschließlich laufen, sondern nahmen sie auch auf den Arm und trugen sie, und zwar immer dann, wenn wir das Gefühl hatten, dass es ihr zuviel wurde oder sie eine Pause einlegen wollte. Man merkte ihr sofort an, wann sie überfordert war, denn sie hatte sich immer einfach hingesetzt und gekratzt. Ab ihrer dritten

Woche bei uns fuhren wir mit ihr zum Airport in München, um sie auch hier an die vielen Menschen zu gewöhnen. Nach und

nach trugen wir sie also in langsamen Schritten dem zu, was für uns wichtig war. Heute meistert sie all diese Situationen ohne Schwierigkeiten. Sie geht offen und freundlich auf andere Menschen und Tiere zu, und ist in allen Situationen souverän. Selbst dann, wenn am Airport mal so richtig was los ist und es etwas enger wird."

2.6 Ab wann bleibt mein Welpe alleine zu Hause

Diese Frage stellten auch wir uns sehr oft. In vielen Büchern steht, dass man das nicht zu spät machen sollte, damit der Hund irgendwann überhaupt alleine bleibt. Wir haben damit erst sehr spät angefangen, etwa in der 14. Woche, und dann auch nur 5 Minuten. Eine Woche später 10 Minuten, zwei Wochen später 15 Minuten…

Es ist sehr wichtig, dass Sie vor dem Verlassen des Hauses nicht zu viel Aufhebens machen und einfach gehen. Bleiben Sie nicht zu lange draußen, und wenn Sie wieder kommen, dann gehen Sie einfach rein, ohne viel Gerede. Erst nach ein paar Sekunden sollten Sie Ihren Hund loben. Hängen Sie also ruhig erst einmal Ihren Schlüssel ans Schlüsselbrett.

Wenn man kleine Hunde zu früh länger und oft alleine lässt, können sich Trennungsängste einstellen, die sich in Winseln oder auch Zerstörungswut zeigen können, was sich aber meist erst Monate später zeigt. Deswegen lassen Sie sich Zeit, und versuchen Sie andere Lösungen zu finden. Den Welpen Stunden über Stunden sich selbst zu überlassen, ist in keinem Fall ratsam. Zum einen ist den Kleinen oft sehr schnell langweilig und sie fangen dann an, das Mobiliar zu zerstören, zum anderen würde man auch ein Kleinkind niemals alleine lassen, und ein kleiner Welpe ist in den ersten Wochen im Prinzip nichts anderes als ein Baby.

Glauben Sie mir, auch wenn man langsam an die Sache herangeht, bleibt der Hund dann später auch alleine. Unsere Safi blieb mit gut 10 Monaten dann auch einmal 3 Stunden ohne uns Zuhause, obwohl wir das nicht oft übten und es bei uns eher die Ausnahme war. Wir sperren sie auch nicht in ein Zimmer ein, sie kann sich überall frei im Haus bewegen. Und sie macht nichts kaputt, sie winselt und sie bellt nicht.

Der erste Tierarztbesuch

3.1 Wie finde ich den richtigen Tierarzt

Der erste Tierarztbesuch sollte für Ihren Hund in jedem Fall ein positives Erlebnis sein. Es ist nicht ratsam, schon beim ersten Besuch Impfungen durchführen zu lassen. Im Gegenteil, der Hund sollte nur augenscheinlich unter die Lupe genommen werden. Zusätzlich vielleicht noch das Abhören des Herzens und der Lunge, ein Abtasten der Gelenke, und das war's auch schon.

Das Gebiss sollte natürlich ebenfalls nicht vergessen werden, denn nicht bei allen Tieren ist das Wachstum des Kiefers normal. Vermeiden Sie also am besten jede Drucksituation, in der der Welpe überfordert sein könnte, setzen Sie ihn erst einmal einfach nur auf den Behandlungstisch, schieben ein Leckerli nach, und lassen ihn sofort wieder runter. Tierärzte, die sich über die Wichtigkeit der richtigen Verhaltensweise beim ersten Besuch eines Welpen in ihrer Praxis bewusst sind, werden sich auch ausreichend Zeit für Sie nehmen. Andernfalls suchen Sie am besten das Weite, zumindest bis Ihr Hund etwas größer und souveräner geworden ist.

Die Findung des „richtigen" Tierarztes aber kann sich auch zu einem langen Studium herausstellen, denn oftmals bleibt man nicht dort, wo man zu Beginn war. Es ist sicherlich hilfreich, Freunde und Bekannte die ebenfalls Tiere haben zu fragen, bei welchem Tierarzt sie denn sind, und welche Erfahrungen sie dort gemacht haben. Sie vertrauen einem fremden Menschen ihr Tier an, das sollten sie immer im Kopf haben. Sobald sich ein ungutes Gefühl oder eine Abneigung einstellt, sollte man sich lieber einen anderen Tierarzt suchen. Wie also finde ich den richtigen Arzt? Nach welchem Kriterium suche ich aus? Und wie erkenne ich einen guten Arzt?

„Kriterien an einen guten Tierarzt"

✓	**Er muß offen** und freundlich auf meinen Hund zugehen können und keine Scheu haben, den Hund auch richtig anzufassen
✓	**Die Stimme des Arztes** muß nett und ruhig sein, nicht forsch und laut. Wichtig ist, dass er sich für alle Fragen ausreichend Zeit nimmt, egal wie voll sein Wartezimmer ist
✓	**Er sollte in Notfällen** erreichbar sein und gegebenenfalls sofort in die Praxis kommen können
✓	**Sympathie spielt ebenfalls** eine Rolle. Wenn Ihnen ein Arzt unsympathisch ist, dann geht man auch bei noch so viel fachlicher Kompetenz am besten nicht mehr dorthin. Weshalb? Ein Tierarzt, mit dem Sie „Grün" sind, wird sich alleine durch die Ihnen zugewandte Sympathie mehr und ausgiebiger mit Ihrem Hund beschäftigen, als wenn Sie mit ihm Spinne Feind wären

✓	**Finden operative Eingriffe** statt, sollte die Praxis über die entsprechende Räumlichkeit und Ausstattung verfügen, und es sollte während der OP mindestens noch ein zweiter Arzt assistieren oder anwesend sein
✓	**Die Praxis sollte** einen freundlichen und sauberen Eindruck hinterlassen

Letztlich aber muss man sich nicht auf nur einen Tierarzt versteifen. Wir Menschen gehen ja auch nicht zum Zahnarzt, wenn uns die Hüfte Schmerzen bereitet.

3.2 $\mathscr{I}$mpfungen, Chippen, Entwurmen und Zähne

Impfungen sind in der heutigen Zeit leider für immer mehr Menschen ein Tabu geworden. Nun ist es so, dass oft genau deswegen Krankheiten bei unseren Tieren ausbrechen, die eigentlich in Deutschland schon nicht mehr existierten.

Eine Grundimmunisierung ist daher in jedem Fall zu empfehlen, alle weiteren Entscheidungen treffen Sie dann selbst für Ihren Hund. Zu erwähnen ist, dass Impfungen homöopathisch ausgeleitet werden können, was aber nicht bedeutet, dass der Impfstoff deswegen unwirksam würde.

„Welche Impfungen gibt es, und wie oft muß man sie wiederholen"

➤ **Der Welpe sollte** bereits im Alter von 8 Wochen eine Grundimmunisierung gegen Staupe, Leptospirose, Parvovirose und Hepatits dontagiosa canis (Leberentzündung) erhalten. Nach weiteren 2-3 Wochen erfolgt eine Auffrischung, die die Grundimmunisierung dann erst und tatsächlich wirksam macht. Abgeschlossen ist diese Grundimmunisierung aber erst nach einem Jahr, bei einer nochmaligen Nachfolgeimpfung.

> ➤ **Tollwutimpfungen sind** einmalige Impfungen, die frühestens in der 12. Woche erfolgen sollten. Früher wurde für Tollwutimpfungen eine jährliche Auffrischung verlangt. Mittlerweile aber gibt es auch Impfstoffe, für die längere Impfintervalle gelten. Diese können 3–4 Jahre betragen und sind in der gesamten EU anerkannt. Für bestimmte Länder jedoch wie z.B. Großbritannien könnte auch Heute noch ein zusätzlicher „Impftiter" erforderlich sein. Genauere Informationen zur Einreise nach Großbritannien erfahren Sie auf der Internetseite der Britischen Botschaft.

> ➤ **Gegen Parainfluenza und Zwingerhusten** könnte ebenfalls noch geimpft werden, was insbesondere dann, wenn viel Kontakt zu anderen Hunden besteht, anzuraten ist.

Wenn Sie mit Ihrem Hundekind in eine Hunde-, bzw. Welpenschule gehen möchten, werden die folgenden Impfungen vorgeschrieben sein. Es gibt verschiedene Impfstoffhersteller, und je nach Hersteller wird eine andere bzw. eigene Impfempfehlung ausgegeben. Leptospirose muss in der Regel 1mal jährlich geimpft werden. Oftmals werden

Welche Impfungen ✔

Grundimmunisierung mit 8 und 12 Wochen

Erneute Auffrischung nach 1 Jahr

· Staupe

· Leptospirose

· Parvovirose

· Hepatits dontag. canis

aber auch andere Impfungen zeitgleich verabreicht, da es in den meisten Fällen Mehrfachimpfstoffe sind, die verwendet werden. Da aber alle Impfungen, außer Leptospirose, über 2–4 Jahre anhalten, sollten Sie darauf bestehen, dass keine Mehrfachimpfungen stattfinden. Dies schont nicht nur Ihren Geldbeutel, sondern ist schlichtweg nicht notwendig und belastet den Organismus Ihres Hundes nur unnötig.

Informieren Sie sich am besten ausführlich über die jeweiligen Hersteller von Impfstoffen und deren Impfempfehlungen, denn weniger Impfungen nach einer erfolgreichen Grundimmunisierung sind meist ratsamer. Zudem sind manche Impfstoffe einfach besser als andere, was leicht am Preis eines Impfstoffes zu erkennen ist.

„Die wichtigsten Impfungen sind"

Erkrankung	8 Wochen	12 Wochen	Auffrischung
Parvovirose	x	x	je nach Impfstoff
Zwingerhusten	x	x	je nach Impfstoff
Leptospirose	x	x	je nach Impfstoff
Staupe	x	x	je nach Impfstoff
Tollwut		x	je nach Impfstoff
Hepatitis	x		je nach Impfstoff

„Chippen"

...ist vor allem dann, wenn der Hund bei einem Züchter geholt wurde, kein Thema mehr, da der Welpe in der Regel schon vom Züchter gechippt wurde. Sollte der Welpe noch nicht gechippt worden sein, dann kann man ruhig abwarten und überlegen, ob man dies überhaupt braucht und möchte. Ich zum Beispiel wartete bei Safi bis zur Kastration, da das Chippen dann während der Narkose erledigt werden konnte, und ein kleiner Welpe nicht bereits im Alter von 8-10 Wochen mit einer Kugelschreiber dicken Röhre traktiert wird. Ein positiver Aspekt des Chippens ist in jedem Fall die Registrierung bei Tasso. Tasso ist eine Hilfsorganisation, die vor allem beim Auffinden von entlaufenen, entführten und vermissten Tieren hilft.

➤ Hinweis

Nur mit einem gültigen Heimtierpass ist es Ihnen erlaubt, mit Ihrem Hund ins Ausland zu reisen. Beachten Sie dabei unbedingt die zum Teil sehr unterschiedlichen Einreisebestimmungen der jeweiligen Länder. In der Regel müssen alle vorgeschriebenen Impfungen vorgenommen worden sein und Ihr Hund muss gechippt sein. Dies gilt auch für Reisen in alle EU-Länder. Mehr Informationen zu den jeweiligen Einreisebestimmungen der Länder finden Sie im Internet, oder auch in ausgelegten Prospekten bei Ihrem Tierarzt.

„Entwurmen"

Wenn Sie Ihren Hund beim Züchter holen, sollte der Welpe wenigstens die erste Impfung und Entwurmung schon hinter sich haben. Welpen können sich durch die Mutter beim Saugen mit Wurmeiern anstecken, und übertragen das Ganze dann auch auf uns, sofern der Kontakt mit dem kleinen Fellknäuel sehr eng ist. Besonders gefährdet sind vor allem kleine Kinder. Die Entwurmung erfolgt über Pasten oder in Tablettenform, und sollte in jedem Fall wie vom Tierarzt empfohlen angewendet und zu Ende geführt werden. Ein Hinweis auf Würmer können Durchfall und so genanntes Schlittenfahren sein, also wenn der Hund mit dem Hintern am Boden hin und her robbt.

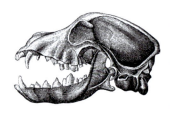

„Zähne"

Manch einer wird sich vielleicht fragen, warum auch die Zähne des Hundes ein eigenes Unterkapitel finden. Da ich mit meiner Safi gerade was die Zähne betrifft so einiges hinter mir habe, möchte ich es nicht missen, diese sehr wichtigen Erfahrungen weiterzugeben. Das Wachstum der Zähne eines kleinen Hundes wird oft nicht richtig überwacht oder untersucht, das später einmal zu erheblichen Problemen führen kann, sollte eine Fehlstellung des Kiefers oder bestimmter Zähne vorhanden sein. Der Zahnstand und das Wachstum des Kiefers sollte deswegen insbesondere bei Welpen regelmäßig untersucht werden. Bitte lassen sie sich nicht zu Zahn-OP's bereits in den ersten Monaten überreden.

Oftmals geben sich Schiefstände von selbst, sobald die 2. Zähne kommen. Und sollte dem nicht so sein, dann kann man immer noch etwas unternehmen. Zähne zu kürzen, zu reißen oder gar eine Wurzelbehandlung durchzuführen, würde man einem Kleinkind auch niemals antun, warum also einem Welpen.

Ab der 16. Woche, wenn der Zahnwechsel beginnt, sollte man zusätzlich überwachen, ob die Milchzähne auch wirklich ausfallen, bevor der neue Zahn darüber wächst. Oft wird erst in späteren Lebensjahren festgestellt, dass eine doppelte Zahnreihe vorhanden ist. Terrier zum Beispiel sind hier besonders gefährdet.

Wenn Ihr Welpe Probleme mit den Zähnen hat, oder der Kiefer nicht richtig wächst, dann sollten Sie unbedingt einen Fachtierarzt für Zähne aufsuchen. Lassen Sie sich niemals auf einen Tierarzt ein, der zu seinem normalen Spektrum „ab sofort" auch Zahnbehandlungen anbietet. Meist sind die erworbenen „Fachkenntnisse" nur in einem Wochenendseminar erworben, was für eine korrekte Behandlung der sehr komplexen Thematik der Zähne natürlich nicht annähernd ausreicht. Es gibt nicht sehr viele Tierärzte, die sich hauptsächlich oder auch nur auf das Gebiss und den Kiefer von Hunden spezialisieren. Aber der vielleicht etwas weitere Anfahrtsweg ist die Mühe in jedem Fall wert.

3.3 Weshalb immer einen Spezialisten aufsuchen

Hätten wir nicht auf unser Gefühl gehört, einen Fachtierarzt aufzusuchen, dann wäre unsere Süße mit 9 Wochen schon das erste Mal an den Zähnen operiert worden. Die zweite Operation wäre dann bereits in der 16. Woche fällig gewesen, und nach dem kompletten Zahnwechsel eventuell noch einmal, zum Einstellen einer Zahnspange. Safi nun hatte einen zu kleinen Unterkiefer, so dass die unteren Augenzähne in den Oberkiefer wuchsen. Es war nicht sehr schlimm, aber die Diagnose unseres Haustierarztes doch sehr niederschmetternd. Wir sind dann zu einer Fachtierärztin gegangen, die alle Argumente unseres Haustierarztes, der im Übrigen auch den Zusatz der Zahnheilkunde trug, widerlegte. Laut dieser Fachtierärztin wäre eine Narkose frühestens nach dem kompletten Zahnwechsel nötig gewesen, und auch nur dann, wenn sich der Unterkiefer nicht weiten würde, die Augenzähne also auch nach dem Zahnwechsel noch immer in den Oberkiefer gewachsen wären. Safi hätte dann für ein paar Wochen nur noch eine Zahnspange bekommen, und keine 3 Vollnarkosen! Und in unserem Fall hatte sich nach dem kompletten Zahnwechsel dann alles zum Positiven verändert, ohne OP und ohne Narkose!

Wir haben dem kleinen Hund damit also viel erspart, einmal abgesehen vom Geld, und das nur, weil wir uns nicht scheuten, einen konkreten Fachtierarzt für Zahnheilkunde aufzusuchen. Anzumerken ist zudem, dass Fachtierärzte nur des Titels Fachtierarzt Willen nicht teurer sind, als normale Tierärzte auch. Ein Spezialist verfügt einfach über eine fundierte Ausbildung, die über mehrere Semester und zum Teil über Jahre andauert. Er beschäftigt sich Tag ein Tag aus mit seinem Fachgebiet, und hat dadurch natürlich eine ganz andere Kompetenz, korrekte Diagnosen zu stellen. Ganz anders also als jemand, der einmal im halben Jahr einen speziellen Fall in der Praxis hat. Das alleine sollte schon Grund genug sein, sich einen Fachtierarzt für die jeweilig speziellen Belange zu suchen.

„Zahnprobleme" ✓

IMMER einen Spezialisten aufsuchen

· **Vorsicht** vor Praxen mit vielen Fachgebieten

· **Fachkenntnisse** meist nur an Wochenenden erworben

Und eine zweite Meinung ist ja nun nichts Verwerfliches, warum auch, beweist diese Entscheidung letztlich ja nur das Verantwortungsbewusstsein und Einschätzungsvermögen des Hundehalters. Wir Menschen gehen bei Zahnschmerzen ja auch zum Zahnarzt und nicht zum Orthopäden. Und Fachtierärzte lassen sich heutzutage genauso leicht im Internet finden, wie der nächste Facharzt für Dermatologie.

$\mathcal{I}$deale Ernährung

Wenn Sie jemand sind, der sich ausführlich Gedanken über seinen neuen Partner macht, dann wird das Thema Ernährung nicht spurlos an Ihnen vorbeiziehen. Waren früher einmal bei vielen Tierbesitzern nur Frolic und Chappi zu Hause, so ist Heute das Angebot der unterschiedlichen Futtermittelhersteller mittlerweile doch recht umfangreich. Man hat auf den ersten Blick das Gefühl, vom Angebot regelrecht erschlagen zu werden, und jeder preist sein Futter als das Non Plus Ultra an. Da gibt es Futter für kleine, große und mittlere Rassen, für den Rassehund, den Mischling, den Welpen, den Junghund, den Allergiker, den Sensiblen, mit Getreide, ohne Getreide, mit Konservierungsstoffen, ohne Konservierungsstoffe und noch vieles mehr.

Welches Futter aber ist nun gutes Futter, und welches hält was es verspricht? Wie kann ich das Richtige für mich finden?

Was habe ich mir schon Gedanken über die Ernährung gemacht. Bei meinen verstorbenen Hunden schon, und Heute wieder. Die wichtigste Frage aber ist wohl, „Was möchte ich füttern? Trockenfutter oder Nassfutter? Kochen oder Rohfütterung?" Zudem stellt sich die Frage: „Welche Kriterien sollte mein Futter erfüllen? Möchte ich Futtermittel aus dem Inland oder aus dem Ausland? Möchte ich, dass das Futter ohne Tierversuche hergestellt wurde, möchte ich vielleicht auch Futter das aus der Region kommt, soll Getreide enthalten sein, oder besser nicht? Sie sehen schon: „Fragen über Fragen"…

Vielleicht sind die folgenden Erläuterungen zu den jeweiligen Futterarten hilfreich, eine Entscheidung treffen zu können. Worauf Sie in jedem Fall achten sollten, ist die Qualität! Gute Futtermittel, egal ob Trocken oder Nass ersparen in vielen Fällen den Tierarztbesuch, der durch

falsche Fütterung über Kurz oder Lang unvermeidlich sein wird. So ist am besten immer auf eine ausgewogene Ernährung des Hundes zu achten. Abwechslungsreich und gesund, so wie Sie sich selbst auch ernähren würden.

„Da vielen die Erläuterungen auf Futtersäcken und Dosen nichts sagen, werde ich hier die Wichtigsten erklären"

➤ Rohfett

Alle im Futter enthaltenen Fettquellen (pflanzlicher sowie tierischer Natur), unabhängig von Herkunft oder Qualität. Auch verarbeitetes Altöl verfügt über einen bestimmten Gehalt an Rohfett.

➤ Rohprotein

Alle Eiweißverbindungen die in dem Produkt vorhanden sind. Hierzu gehört Fleisch genauso wie Federn oder Klärschlamm (Sollte im

Wachstum nicht zu hoch sein, aber auch nicht zu niedrig, etwa um die 25%).

➤ Rohasche

Ein theoretischer Wert der entstehen würde, wenn das Futter komplett verbrannt würde. Übrig bleiben dann Mineralien (Salze). Der Wert sollte nicht über 7% liegen. Höhere Werte weisen auf minderwertige Inhaltsstoffe hin, durch die eine hohe Nierenbelastung, Knochenstoffwechselstörungen oder Zahnstein entstehen.

➤ Rohfaser

Hierbei wird der Anteil aller pflanzlichen, unverdaulichen Rohfasern (z.B. Sägemehl) zusammengefasst. Sie gehören zu den Ballaststoffen und sollten in der Regel zwischen 2 und höchstens 4% liegen. Bei Diätfuttermitteln ist der Anteil entsprechend erhöht. Je höher der Rohfaseranteil ist, desto höher ist auch die Kotmenge, und eventuell die minderwertigen pflanzlichen Ausgangsstoffe. Ob hochwertige pflanzliche oder tierische Fette enthalten sind, sehen Sie nur, wenn eine genaue Deklaration wie z.B. Sonnenblumenöl oder Distelöl ausgewiesen ist.

➤ Rohwassergehalt

Der übliche Wert des Restwassers der im Trockenfutter verbleibt, bzw. nach dem Trocknungsprozess wieder zugeführt wird, liegt bei ca. 10%. Dieser Wert wird zwar normalerweise nicht auf der Verpackung ausgelobt, er ist aber wichtig für Sie, um die fehlenden so genannten NFE-Inhaltsstoffe rechnerisch zu ermitteln.

➤ Fleisch und tierische Nebenerzeugnisse

Alle Fleischteile geschlachteter warmblütiger Landtiere, frisch oder durch ein geeignetes Verfahren haltbar gemacht, sowie alle Erzeugnisse und Nebenerzeugnisse aus der Verarbeitung von Tierkörpern oder Teilen von Tierkörpern warmblütiger Landtiere.

Wenn es nicht näher erläutert ist, kann es alles von Tierkörpern oder Teilen von Tierkörpern warmblütiger Landtiere (z.B. Häute, Hufe, Blut, Federn, Mägen, Därme, Lunge, Grieben, Sehnen, Knochen und Tiermehl) enthalten. Deutsche Hersteller von Heimtierfuttermitteln haben sich freiwillig verpflichtet, keine Tiere aus der Tierkörperbeseitigung zu verarbeiten. Um eine Übertragung von BSE zu verhindern, müssen außerdem Gehirn und Rückenmark von Rindern, Schafen und Ziegen bei der Schlachtung entfernt und verbrannt werden

➤ Mineralstoffe sollten in einem guten

Futter immer enthalten sein, denn sie sind wichtig für die Knochen und Zähne Ihres Hundes. Sie haben vielseitige Aufgaben im Stoffwechsel, und sind Bestandteile von Enzymen und Zellen. Außerdem werden sie für die Reizübertragung der Nerven benötigt,

66

oder für die Festigkeit der Knochen und Zähne, wie z.B. Kalzium und Phosphor.

➤ **Mineralstoffüberschüsse** im Futter jedoch sind keineswegs harmlos. Wie bei Vitaminen ist es auch hier wichtig, für die richtige Menge an Mineralstoffen im Futter zu sorgen, weil zuviel ebenso schädlich sein kann wie zu wenig davon.

➤ **Essentielle Fettsäuren** sind wichtig für Energie, glatte Haut und ein gesundes Fell. Diese essentiellen Fettsäuren sind besonders wichtig, weil der Hund sie im Organismus nicht selbst bilden kann. Für die Gesundheit der Haut und des Immunsystems ist die Versorgung mit fettlöslichen Vitaminen und essentiellen Fettsäuren sehr wichtig.

➤ **Reine Fleischfütterung** mit Muskelfleisch führt zu Mangelerscheinungen. Es kommt zu Haarausfall, andauerndes Haaren, Juckreiz, mattem und glanzlosen Fell, chronische Leber und Nierenschäden.

➤ **Hunde benötigen grundsätzlich:** Wasser, Eiweiß, Fett, Kohlenhydrate, Vitamine, Mineral-, und Ballaststoffe.

4.1 Trockenfutter

Von vielen wird es absolut verpönt und als schlecht bezeichnet. Es heißt oftmals, es quillt im Magen auf, ist schlecht verdaulich und führt eventuell dazu, dass die Tiere Nierenprobleme bekommen. Zugegebenermaßen war ich auch einmal dieser Meinung. Heute aber denke ich, dass zu viel davon sicherlich nicht gut ist, aber für alle Tiere zu sprechen, oder alles über einen Kamm zu scheren, sicher auch nicht. Ich glaube, es ist wie bei unserer eigenen Ernährung auch, zuviel vom Gleichen oder immer das Selbe kann auf Dauer nicht gut sein. Ein Mittelmaß wäre angebracht. Ich habe über dieses Thema auch mit meiner Tierärztin ausführlich und nicht nur 1mal gesprochen. Ich fragte sie, ob Tiere, die nur Trockenfutter bekommen, eher Nierensteine oder Nierenprobleme bekommen, als Tiere die kein Trockenfutter oder nur wenig davon bekommen. Und sie meinte Nein, das habe sie in ihrer langjährigen Erfahrung als Tierärztin nicht beobachten können. Da mag der ein oder andere vielleicht einwenden und sagen, „Tierärzte verdienen am Trockenfutter." Das mag schon sein, aber meine Tierärztin hatte auch ihren eigenen Hund nur mit Trockenfutter gefüttert, und es sind keine Krankheitsbilder entstanden, die auf die reine Trockenfütterung zurück zu führen gewesen seien.

Es ist also grundsätzlich wichtig, dass Sie hochwertiges Futter kaufen und auf den Proteingehalt achten. Er sollte nicht zu hoch sein, da Hunde sonst zu schnell wachsen könnten, er darf aber auch nicht zu niedrig sein. Ein guter Mittelwert liegt bei 20–25% des Anteils an Proteinen. Gewöhnen Sie Ihren Hund aber nur langsam an das neue Futter, und mischen Sie es zu Beginn mit dem bisher gewohnten Futter. Und es sollte immer genügend Wasser zur Verfügung stehen, denn Trockenfutter macht durstig. Denken Sie nur, eine Packung trockener Kekse verputzt zu haben, da dürstet es uns auch.

Geben Sie Ihrem Hund mehrmals täglich etwas zu Fressen, und nicht alles auf einmal. Die Mengenangaben auf den Verpackungen sollten in etwa beachtet werden, je nachdem, wie viel oder wenig Bewegung Ihr Schützling täglich hat. Als Faustregel gilt: Ihr Hund wird zu dick, wenn man die Rippen nicht  mehr fühlen bzw. ertasten kann, und die Taille nicht mehr zu sehen ist. Im Rahmen meiner therapeutischen Tätigkeit für Tiere konnte ich feststellen, dass meine eigenen Hunde getestetes Futtermittel immer gerne gefressen hatten, und körperlich gut vertrugen.

Es gibt Trockenfutter ohne Getreide, welches gut für Allergiker und gut für Hunde geeignet ist, die mit den Gelenken Probleme haben, oder rassebedingt zu Hüftgelenksproblemen neigen. Es heisst, dass sich Getreideanteile im Gelenk ablagern können. Manche Tierärzte widersprechen diesen Aussagen, aber es gibt medizinwissenschaftliche Studien aus den USA, die diese Thesen belegen.

Sollten Sie Trockenfutter mit Nassfutter mischen, sollte das Verhältnis ⅔ **Trockenfutter** und ⅓ **Nassfutter** sein.

Die Alleingabe von Trockenfutter hat den Vorteil, dass es Zahnstein vorbeugt und wesentlich geringere Fütterungsmengen erforderlich sind, jedoch sollte man auf eine ausgewogene und abwechslungsreiche Ernährung wert legen, wie wir es uns selbst auch wünschen. Hunde mögen es meist sogar gerne, wenn man ihnen leckere Zutaten wie etwas Quark, Joghurt oder auch Hüttenkäse unter ihr Trockenfutter mischt.

Ein eindeutiger Anhaltspunkt dafür, ob es sich um gutes oder weniger gutes Futter handelt, ist die empfohlene Fütterungsmenge des Trockenfutters.

Je mehr ich von der Menge eines Futters geben muss, **umso minderwertiger** wird ein solches Futter am Ende sein.

Mischverhältnis ✓
⅔ Trocken / ⅓ Nass

z.B. **Tagesbedarf**

- **300g** Trockenfutter
- **600g** Nassfutter

- ⅔ Trockenfutter entspricht **200g**

- ⅓ Nassfutter entspricht **200g**

Auf „**2 Mahlzeiten**" pro Tag verteilen

70

4.2 *Nassfutter*

Achten sich hier genau auf die Inhaltsstoffe und den konkreten prozentualen Fleischanteil. Geben Sie kein Futter, das weniger als **mindestens 60% Fleischanteil** enthält, zudem sollten wenn möglich keine Konservierungsstoffe und kein Zucker im Produkt zu finden sein. Auch hier kann man die Qualität des Nassfutters wieder an der empfohlenen täglichen Fütterungsmenge erkennen. Und wenn Sie Trockenfutter zufüttern, achten Sie bitte darauf, dass Sie die Nassfutterration von der Trockenfutterration abziehen. Sonst wird Ihr Hund schnell zu dick, was sich langfristig gesehen negativ auf den Gesundheitszustand auswirken wird.

Weniger ist hier oft mehr. Die Fütterungsempfehlungen auf den Verpackungen der Hersteller sind reine Richtwerte, und da jedes Tier individuell ist, sollte auch individuell gefüttert werden. Bei viel Bewegung ist eventuell ein höherer Fütterungsbedarf notwendig, als bei Hunden die sich weniger bewegen.

4.3 𝓡ohfütterung

…auch „Barfen" genannt, findet Heute immer mehr Anhänger. So genannte Barfer orientieren sich am genetischen Urvater des Hundes, dem Wolf. Sie sind der Meinung, da der Ursprung des Hundes im Wolf liegt, ist die Rohfütterung für den Organismus des Hundes das Beste. Wer sich für die Rohfütterung entscheidet sollte aber bedenken, dass ein sich noch im Wachstum befindlicher Hund eine an sein Körpergewicht angepasste Menge an Mineralstoffen braucht. Die Rohfütterung erfolgt mit Fleisch, Innereien, Reis, Nudeln, Gemüse, Obst, Joghurt und Quark, Mineralstoffzusätzen, Knochenmehl oder Knochen. Die Angaben zu Fütterungsmengen richten sich nach dem jeweiligen Gewicht des Tieres und müssen bei Veränderung des Gewichtes immer wieder neu berechnet werden. Wer nun Fleisch nicht einfach nur roh geben möchte, der kann es natürlich auch abkochen. Während des Wachstums des Hundes gilt allerdings das Gleiche wie bei der Rohfütterung. Und es ist natürlich immer besser, Futter zu verabreichen, bei dem man weiß was genau enthalten ist, auch wenn die Rohfütterung oder das Kochen von Mahlzeiten an sich sicherlich etwas aufwendiger ist, als nur eine Dose zu öffnen.

Welches Futter und welche Art der Fütterung für Sie persönlich nun die Richtige ist, muss am Ende jeder für sich entscheiden. Man sollte sich aber ausreichend informieren und ein wenig auf sein Gefühl hören. Qualität ist wichtig, aber auch das Beobachten des Hundes, ob die Art der verabreichten Fütterung keine Allergien hervorruft.

Bei der zeitgleichen Fütterung von Trocken-, und Nassfutter sollten in keinem Fall zusätzlich Mineralstoffe, Vitamine und Spurenelemente während des Wachstums gefüttert werden. Der Bedarf an Vitaminen und Mineralstoffen ist in diesen Futtermitteln bereits enthalten, ein „zu viel" kann sehr schädlich für den Knochenbau und für das Wachstum Ihres Hundes sein.

➤ Hinweis

Füttern Sie Ihren Hund nicht vor dem Spiel oder Spaziergang. Es sollten mindestens 1 – 1 ½ Stunden vergangen sein, bevor sich Ihr

Hund sportlich betätigt, so dass nicht die Gefahr einer Magendrehung gegeben ist, die nicht selten tödlich verläuft!

Hundeschule

So wie es für uns Menschenkinder Schulen gibt, gibt es sie natürlich auch für Hundekinder, und es ist wirklich ratsam, eine solche zu besuchen. Es geht dabei nicht darum, einen Hund zu dressieren, sondern den Kontakt zu Artgenossen zu pflegen und den Hund von Beginn an zu sozialisieren. Welpen mögen es, wenn sie mit anderen Hunden spielen und tollen können. Und auch, wenn Sie als sein bester Freund noch so viel mit ihm spielen, das Spiel mit einem Artgenossen kann keiner von uns Zweibeinern ausfüllen bzw. ersetzen.

5.1 Ab wann sollte ich meinen Welpen erziehen

Die Erziehung des Welpen beginnt schon sehr früh durch die Mutter der Kleinen. Sie weist die Jungen zurecht und gibt ihnen zu verstehen, was gut ist und was nicht. Diese 1. Prägungsphase ist außerordentlich wichtig. Der Hund lernt, wie er sich gegenüber Artgenossen verhalten soll und darf.

Die 2. Prägungsphase beginnt dann im Alter von 8 Wochen. Dies wird die Zeit sein, in der Ihr Hund bei Ihnen einzieht. Jetzt gilt es, so viel wie möglich richtig zu machen. Der Welpe kann schon jetzt „Sitz" und „Platz" lernen. Überfordern Sie ihn aber nicht, üben Sie immer nur kurz und machen Sie zwischen den Übungen längere Pausen. Schimpfen Sie ihren Hund nicht, wenn er etwas nicht richtig macht, sondern loben Sie ihn immer, auch wenn etwas nicht auf Anhieb klappen sollte. Sie sollten immer daran denken, wenn Ihr Hund einen vermeintlichen Fehler macht, haben Sie etwas falsch gezeigt oder gesagt. Der Fehler liegt immer bei Ihnen, ausschließlich.

Nehmen sie als Hilfsmittel Leckerlis zur Hand, sparen Sie nicht damit. Immer wieder höre ich die Worte: „Was, Ihr arbeitet mit Leckerlis? Das muss der Hund auch anders lernen." Andererseits: Würden Sie ohne Lohn arbeiten? Würde es Ihnen Spaß machen? Ich denke nicht, warum also sollte Ihr kleiner Hund keine Entlohnung bekommen. Wichtig ist allerdings, dass Sie diese während des Lernens gegebenen Rationen vom täglichen Futterbedarf abziehen. Sie können statt der Übungsleckerlis natürlich auch das eigentliche Hauptfutter Ihres Welpen verwenden, meist sogar ist das Hauptfutter ohnehin qualitativ hochwertiger, als die vielen kleinen und zum Teil teuren Leckerlis im Fachhandel.

Vorsicht geboten ist bei Trockenfutter oder Leckerlis, die zu klein sind. Durch zu schnelles Aufnehmen zu kleiner Futterstücke oder Nichtzerkauen zu kleiner Leckerlis kann es passieren, dass das Futter durch Verschlucken in die Lunge gelangt. Und das ist dann ein absoluter Notfall, weil sich dadurch Wasser in der Lunge bildet und der Hund innerhalb weniger Stunden ersticken kann. In meiner Praxis wurde einmal so ein Fall bekannt, und scheinbar ist das keine Seltenheit, es passiert immer wieder. Deswegen ist es unheimlich wichtig darauf hinzuweisen, dass Sie bei Ihren Übungen nur weiche Leckerlis verwenden, wie zum Beispiel abgekochtes Puten-, oder Hühnchenfleisch.

5.2 $\mathcal{W}$as sollte ich meinem Hund lernen

Ihr Hund sollte Kommandos wie „**Sitz**" und „**Platz**" kennen, ab der 8. Woche ist es durchaus Zeit dafür, damit zu beginnen. So wie sich der Welpe zum ersten Mal auch ohne ein Kommando einfach hinsetzt, loben Sie ihn und geben Sie ihm ein Leckerli. Setzt er sich das nächste Mal hin, dann sagen Sie sofort das Wort „Sitz" dazu. Loben Sie ihren Hund für jede positive Handlung und geben Sie ihm als Belohnung sofort ein Leckerli, auch wenn Sie es nicht befohlen haben. Es ist wichtig, dass das Leckerli unmittelbar nach dem Lob gegeben wird und nicht zeitversetzt. Das Lob sollte immer wie aus der Kanonenkugel geschossen kommen, damit der Welpe den Zusammenhang zwischen Ausführung und Leckerli lernen kann. Das Zeichen für „Sitz" ist der nach oben ausgestreckte Zeigefinger.

„**Platz**" nun ist das Kommando für „Hinlegen", also mit allen vier Läufen und dem Bauch am Boden zu liegen. Dieses Kommando lernen Sie Ihrem kleinen Hund nach gleichem Schema wie einen Absatz darüber beschrieben.

„**Bleib**" ist das Kommando für „liegen, sitzen oder stehen bleiben", während Sie sich von Ihrem Hund entfernen. Denken Sie daran, sich zu Beginn immer nur 1 Schritt wegzubewegen, denn der Welpe wird Ihnen natürlich folgen wollen. Gehen Sie langsam und behutsam vor und haben Sie Geduld, sonst wird das Hundekind bald den Spaß am Spiel verlieren. Spaß zu haben aber ist sehr wichtig, denn wie wir Menschen auch wird der Welpe schneller und konzentrierter lernen, wenn er Spaß am Spiel hat.

„**Fuß**" ist das Kommando für „neben dem linken Bein gehen". Der Hund läuft auf Kopfhöhe neben Ihnen am linken Bein. Am linken Bein deswegen, weil man jetzt noch nicht weis was die Zukunft in Bezug auf behördliche Anordnungen und Reglementarien bringen wird. Sollte es einmal erforderlich sein, bei größeren Hunden ab einer gewissen Schulterhöhe eine Schutzhundeprüfung ablegen zu müssen, so wird der Hund bei der Übung „Fuß" auf der linken Seite unseres Körpers gehen müssen. Lernen Sie also von Beginn an die anerkannten und vorgegebenen Richtlinien von Hundeverbänden, dann müssen Sie Ihren Hund nicht erst mit viel Mühe wieder „umstellen".

„Hier" ist das Kommando für „komm her zu mir". Der Hund soll mit diesem Kommando abgerufen werden, sei es, um ihn davon abzuhalten, wie wild auf entgegenkommende Hunde zuzulaufen, oder auch, um ihn vor irgendwelchen Gefahren zu bewahren.

Wenn er diese Kommandos im Alter von etwa 6 Monaten kennt, dann haben Sie schon Vieles erreicht. Allerdings ist stetiges Üben angesagt. Sobald während der Lernphase über mehrere Tage nicht geübt wurde, merkt man das sofort in den Ausführungen der Übungen. Meistens haben die kleinen Hunde das ein oder andere schon wieder vergessen, oder sind an einem vorbei fliegenden Schmetterling mehr interessiert, als an Ihnen. Das gesamte Hundeleben ist ein Üben und Arbeiten.

Und denken Sie bitte immer daran, dass die Übungen nicht zu lange dauern dürfen und immer wieder Pausen gemacht werden müssen. Einem Baby würden Sie auch nicht stundenlang etwas ausführen lassen wollen. Mit Hundebabys verhält es sich nicht viel anders.

Es gibt aber natürlich noch viele andere Dinge, die Ihrem Hund gelernt werden können. Und wenn Sie eine Hundeschule besuchen, dann werden Sie zur richtigen Zeit auch die richtigen Kommandos lernen. Gute Hundeschulen gehen nach einer für den Hund geeigneten Lernreihenfolge vor, so dass die Lernziele mit Spiel, Spaß und Leichtigkeit erreicht werden können.

5.3 Welche Hundeschule ist für mich die Richtige

Diese Frage zu beantworten ist nicht so einfach, Hundeschule ist nicht gleich Hundeschule. Man sollte sich fragen, was man von einer Schule erwartet. Für mich war es immer wichtig, dass der Umgang mit dem Tier liebevoll und respektvoll ist, Stachelhalsbänder, verbotene und illegale Elektrohalsbänder, oder sonstige Schockmethoden nicht verwendet werden. Eine gute Hundeschule bedarf solcher Hilfsmittel nicht, denn wenn der Hund nicht folgt, dann stimmt die Kommunikation zwischen Ihnen und Ihrem Tier nicht. Hieran sollte dann gearbeitet werden, und nicht daran, sich Respekt durch Gewalt verschaffen zu wollen. Dieser Schuss ginge mit ziemlicher Sicherheit nach hinten los.

„Eine gute Hundeschule sollte"

✓	**gut ausgebildete** und erfahrene Trainer haben
✓	**einen liebevollen** Umgang mit den Tieren gewährleisten
✓	**darauf achten,** dass das Tier im Vordergrund steht
✓	**keine Stachel-, oder** Elektrohalsbänder verwenden
✓	**keine Strafen bei** falschen Ausführungen verhängen

✓	**darauf achten**, dass mit den Tieren nicht geschrieen wird
✓	**weitergehende** Erziehungskurse anbieten
✓	**gute Kontrolle** und ein gutes Auge für Hunde haben
✓	**gleichaltrige Hunde** in einer Gruppe haben
✓	**aus nicht zu großen** Gruppen bestehen

Bestimmt nun spielen bei dem einen und anderen auch andere Kriterien noch eine Rolle. Sehen Sie sich einfach mehrere und verschiedene Hundeschulen an, denn erst dann kann man Unterschiede erkennen und sich für die richtige Schule entscheiden.

Kastration

6.1 Wann ist der richtige Zeitpunkt

Immer mehr Menschen lassen ihre Hündinnen nicht mehr kastrieren. Dieser Trend ist schon seit einiger Zeit zu beobachten. Die Frage, ob oder ob nicht, stellt sich jedem Tierbesitzer, egal ob bei einer Hündin, oder einem Rüden. Die Häufigkeit von Kastrationen ist bei Hündinnen allerdings wesentlich höher als bei Rüden. Warum aber sollte man überhaupt kastrieren? Und was genau bewirkt die Kastration?

Wenn Sie nicht vorhaben, dass Ihre Hündin Babys bekommt, setzen Sie die Hündin durch die wiederkehrenden Läufigkeiten dem Risiko aus, an so genannten Mamatumoren (Brustkrebs) zu erkranken. Das Risiko steigt nach jeder Läufigkeit, und liegt bereits nach der 1. Läufigkeit bei satten 40%. Nach der 2. Läufigkeit hat sich das Risiko sogar schon auf 60% erhöht. So stellt sich die Frage: „Muss ich meinen Hund einem solchen Risiko aussetzen, wenn ich keine Babys haben möchte?" Und falls doch Hundebabys, dann sollten Sie sich fragen, warum Sie es möchten, dass Ihr Hund Welpen bekommt. Hündinnen können je nach Anzahl erfolgreicher Deckversuche durchaus 10 oder sogar 12-15 Junge tragen. Einmal abgesehen davon, dass Ihre Hündin so viele Welpen zu werfen wohl gesundheitlich nicht packen würde und schlimmstenfalls dabei sterben könnte, sollte man nicht vergessen: „Wohin damit? Kann ich tatsächlich dafür Sorge tragen, dass unter Umständen zwei Dutzend kleiner Hunde einen liebe-, und respektvollen Platz bekommen? Und habe ich überhaupt die Zeit dazu, mich täglich Stunden über Stunden mit den Rackern zu beschäftigen?" Etwas anderes ist es natürlich, wenn Sie vorhaben in die Zucht zu gehen, aber auch hier sollten Sie darüber nachdenken, ob das „Angebot" nicht schon groß genug ist, und die Tierheime auf der ganzen Welt nicht schon voll gestopft genug sind mit einer Vielzahl von Hunden, die dem Kommerz zum Opfer gefallen sind.

Die Kastration nun bewirkt, dass Hündinnen nicht mehr läufig werden, was wiederum bedeutet, dass sie auch nicht mehr bluten. Man entfernt dabei beide Eierstöcke und im Idealfall auch gleich die Gebärmutter. Aber Vorsicht! Nicht jeder Tierarzt ist von dieser Methode überzeugt, und so entfernen manche die Gebärmutter nicht mit. Sie sollten Ihren Tierarzt deswegen immer fragen, ob er auch die Gebärmutter entfernt oder nicht. Gebärmutterhalsentzündungen werden nämlich gerne aus diesem Grund übersehen, wenn man einem Tierarzt mitteilt, dass die Hündin kastriert wurde und er deswegen annimmt, dass die Gebärmutter entfernt wurde, obwohl das nicht geschehen ist. Nicht selten stellt sich eine Gebärmutterhalsentzündung als Komplikation nach einer Kastration ein, wenn die Gebärmutter nicht mit entfernt wurde.

Natürlich setzt man seinen Hund mit einer Narkose auch einem Risiko aus. Manche Hunde vertragen die Narkose nicht und haben dadurch Probleme wieder wach zu werden, oder sie übergeben sich nach dem Erwachen aus der Narkose. Eine Operation stellt immer einen Eingriff in den Organismus dar, und das darf natürlich nicht verharmlost werden. Gott sei Dank aber kommt es sehr selten vor, dass ein Hund auf dem OP-Tisch verstirbt, vorgekommen ist das aber auch schon.

Ich persönlich habe vor der Kastration meiner Hündin alle Pro und Kontra Situationen abgewogen und mich für eine Kastration „vor der ersten Läufigkeit" entschieden. Argumente, dass der Hund dann nie erwachsen wird, und immer ein klein wenig Kind bleibt, kann ich in unserem Fall nicht bestätigen. Meine Safi hat sich körperlich wie geistig sehr gut entwickelt und steht anderen Hündinnen, die erst nach ihrer ersten Läufigkeit kastriert wurden, in keinem Fall nach. Und „vor" der ersten Kastration vermindert das Risiko von Brustkrebs noch einmal, da der erste Hormonschub mit der fehlenden ersten Läufigkeit niemals stattgefunden hat.

Die Kastration bei Rüden kommt immer mehr in Mode, vor allem mit dem Argument, dass die Hunde dann verträglicher oder ruhiger werden. Dass eine charakterliche Eigenschaft durch Hormone beeinflusst wird, halte ich für nicht korrekt. In manchen Fällen mag es hormonell bedingt sein, aber zu erwarten, dass Ihr Hund nach der Kastration mit andern Rüden verträglicher und braver wird, davon ist abzuraten. Der einzig sinnvolle Grund für eine Kastration bei Rüden ist die medizinische Indikation. Sprich, Rüden sind weniger gefährdet an Hodenkrebs oder einer anderen durch den Hoden bedingten Krankheit zu erkranken.

6.2 Maßnahmen zur optimalen Wundheilung

Steht man naturheilkundlichen Verfahren positiv gegenüber, kann man nach der Kastration folgende Mittel zur bessern und in jedem Fall schnellern Wundheilung verabreichen:

Nach der OP	Bei Rüden	Bei Hündinnen
Am nächsten Tag	Arnica C30 1 x 5 Globulis	Staphisagria C30 1 x 5 Globulis
Löschen des Traumas der OP	Bachblüte Star of Bethlehem 3 x 5 Tropfen / Tag	Bachblüte Star of Bethlehem 3 x 5 Tropfen / Tag

➤ Wichtig! **Verabreichen Sie Arnica niemals VOR Operationen, da es sonst zu gefährlichen Sickerblutungen kommen kann.**

Zudem ist darauf zu achten, dass die Wunde am Bauch nicht nass wird, und der Hund nicht an der Wunde leckt. Dadurch könnte sich die Naht entzünden und zu Komplikationen in der Wundheilung führen. Nehmen Sie Ratschläge Ihres Tierarztes bitte immer ernst, und tragen sie kein Wund-Gel oder eine Wundsalbe auf, die nicht vom Tierarzt verschrieben wurde.

Sollten sich dennoch Komplikationen einstellen, zögern Sie bitte nicht und gehen umgehend zum Tierarzt. Komplikationen wären z.B.

Schockzustände, anhaltendes Erbrechen, Futterverweigerung, Aufbrechen der Wunde, Fieber und apathische Zustände.

Um zu vermeiden, dass Ihr Hund an der Wunde leckt oder an den Fäden beisst, sollte er gerade in den ersten Tagen nach der OP eine Halskrause tragen. Beobachten Sie Ihren Hund sehr genau, wenn Sie noch nicht wissen, wie er sich nach einer OP verhält. Manche versuchen ständig, an die Wunde zu gelangen, andere wiederum lässt dies einfach kalt. Und Hunde, die dazu neigen an der Wunde zu lecken, oder daran herum zu beißen, laufen Gefahr, sich ohne Aufsicht selbst anzufressen.

Soziale Kontakte

7.1 Warum das so wichtig ist

Auch wenn wir der beste Freund des Hundes sein wollen, so ist es doch sehr wichtig, dass soziale Kontakte mit Artgenossen gepflegt werden. Hunde untereinander spielen ganz anders, als wir es mit ihnen tun könnten. Kein Spaziergang, egal wie lange er auch dauern mag, kann die gleiche körperliche und geistige Auslastung erzeugen, wie ein ausgiebiges Spiel mit anderen Hunden. Natürlich sollte man die Hunde nicht unbeaufsichtigt toben lassen, da manchmal aus heiterem Himmel ein Streit entstehen kann, um ein Spielzeug, auch wenn es nur ein einfacher Ast ist. Eingreifen ist in solchen Fällen immer notwendig. Hunde lernen voneinander unheimlich viel, und leider nicht nur die positiven Dinge. Der Kontakt zu anderen Hunden muss nun nicht ständig gesucht werden, im Gegenteil, der junge Hund sollte sich schon und hauptsächlich mit Ihnen beschäftigen, aber nicht ausschließlich. Ein Hund kann nur dann ein glückliches und ausgeglichenes Leben führen, wenn auch der Kontakt mit Artgenossen gewährleistet ist. In einer Hundeschule, am besten bereits ab dem Welpenalter, lernt Ihr Freund schon sehr früh, mit anderen Hunden zu balgen und vieles mehr, so dass der regelmäßige Besuch in einer Hundeschule in jedem Fall und von Anfang an von Vorteil ist, für Sie beide.

7.2 Welche Rassen sind der richtige Umgang

Den optimalen Leitfaden hierfür gibt es leider nicht. Sie sollten aber zum Wohl Ihres Hundes auf das Kräfte-, und Körperverhältnis zwischen Ihrem und dem anderen Hund achten. Lässt sich ein 30kg schwerer Hund im Spiel auf einen nur 3kg leichten Hund fallen, können sehr schnell auch ernste Verletzungen dabei entstehen. Lassen Sie also nie einen kleinen Yorkshire Terrier mit einem ausgewachsenen Labrador herumtoben, außer der Labi ist ein behutsamer und vorsichtiger Zeitgenosse, denn die Körpergröße und das Körpergewicht zwischen den beiden Spielkontrahenten sind einfach zu verschieden.

Eine Freundschaft kann aber und natürlich dennoch auch zwischen ungleichen Hunden zustande kommen, wenn man als Halter einfach darauf achtet, dass der körperlich unterlegene Hund nicht unterdrückt wird und der Größere nicht zu grob agiert.

7.3 Das eigene Verhalten beim Hundekontakt

Oft schon konnte ich beobachten oder habe die Aussage von Haltern gehört, die Hunde würden das schon alleine und untereinander ausmachen. Derartige Ansichten aber sollten niemals unterstützt werden. Bei zu grobem Umgang miteinander, oder wenn einer der Hunde von einem oder mehreren der anderen im Haufen aggressiv und dominant unter Druck gesetzt wird, sollte man durchaus Einhalt gebieten. Ist es doch vor allem in den Prägungsphasen sehr wichtig, dass so weit als möglich nur positive Kontakte mit Artgenossen zustande kommen, und keine regelrechten Übergriffe stattfinden. Denn die große Gefahr dabei: Nur zu schnell lernt durch aggressives Verhalten anderer Hunde Ihr eigener, dass er sich allzu aufdringliche Rabauken mit eigenem aggressivem Verhalten vom Hals halten kann.

Lange Zeit konnte ich solche Zusammenstöße vermeiden, ohne dabei ängstlich zu agieren oder jedem zweiten Hund aus dem Weg zu gehen, nur weil dieser schon größer und erwachsener war. Und doch kam mittendrin der Zeitpunkt, in dem ein anderer und größerer Hund auf meine Safi losgegangen ist. Ich versuche in solchen Situationen immer, meinen Hund aus der Gefahrenzone zu nehmen und gehe hier konsequent dazwischen. Das Wohl und die Gesundheit meines Hundes steht hier in jedem Fall im Vordergrund.

Manchmal reicht es aber schon aus, einen lauten Schrei oder ein konkretes Abbruchsignal ins Spiel zu bringen, z.B. in Form eines klappernden Schlüssels, oder einer rasselnden Kette. Man glaubt es kaum, wie gut ein solch einfaches Instrument wie eine 20cm lange Metallkette funktioniert, denn in den allermeisten Fällen ist bereits nach dem ersten vernehmbaren Geräusch der Kette Ruhe eingekehrt.

Ist Ihr Schützling noch ein kleiner Welpe und kommt ein größerer Hund auf Sie beide zugestürmt, dann bleiben Sie unbedingt ruhig, nehmen Ihren Kleinen auf den Arm und heben ihn einfach hoch. Es ist immer besser, Ihrem Hund Sicherheit zu geben und ihn aus der Situation zu nehmen, als steif und stumm daneben zu stehen und abzuwarten was passiert.

Meist handelt es sich bei solch stürmischen Hunden ja nur um „bellende Hunde die nicht beißen", denen von ihren Menschen einfach noch nicht gelernt wurde, dass man auf andere Kollegen nicht mit lautem Gebrüll losstürmt. Sie geben sich dadurch ganz sicher keine Blöße, sondern zeigen nur Verantwortungsbewusstsein, und das Sie Herr der Lage sind. Allzu ängstliches oder sogar hysterisches Verhalten ist hier auf gar keinen Fall der richtige Weg. Damit verunsichern Sie Ihren eigenen Hund nur, was dazu führen kann, dass er in Zukunft bei Hundekontakten unsicher wird und zu einem Kläffer, wenn nicht sogar zum Angstbeißer reift. Insbesondere der junge Hund muss sich auf „Sie" verlassen können, und nicht umgekehrt. Stressiges und unsicheres Verhalten von Hunden ist meist nur darin zu finden, dass der Junghund von Beginn an auf Sie aufpassen musste, anstatt umgekehrt. Schon zu oft konnte ich beobachten, dass vor allem Hundebesitzer mit kleineren Hunderassen gerne genau das Falsche machen, wenn ein größerer Hund des Weges kommt. Dabei spielt es nicht mal eine Rolle, ob der größere Hund an der Leine ist oder nicht. Angst ist hier absolut Fehl am Platz, denn ein aufmerksamer Hundebesitzer hat seinen Hund und die Situation unter Kontrolle.

Wachstum

8.1 Ab wann kann man Sport betreiben

Generell sollte niemals mit einem Welpen oder Junghund Intensivsport betrieben werden. Oft beanspruchen die Menschen ihre Welpen oder Junghunde mit Fahrradtouren oder Joggingausflügen viel zu früh. Auch wenn man das Gefühl hat, dass der Hund gut mitkommt, so ist es schlichtweg eine Tatsache, dass sich die Knochen und das gesamte Skelettsystem noch im Wachstum befinden. Extreme Beanspruchung ist auf keinen Fall gut und nicht anzuraten. Ebenso sollte man vorsichtig sein mit Hundesportarten wie Agility oder Frisbee. Vieles zeigt sich leider erst viel später, manchmal erst im Alter von 5-6 Jahren, wenn sich Wirbelsäulenprobleme oder Arthrosen in den Gelenken einstellen. Bevor der Hund nicht vollständig ausgewachsen ist, ist von jeglicher Überbeanspruchung der Bänder, Sehnen und Gelenke abzuraten. Ausgewachsen ist der Hund je nach Rasse zwischen 15 und 18 Monaten. Bei ganz großen Rassen kann das Wachstum aber auch bis zu 2 Jahren dauern. In dieser Zeit ist Extremsport ein absolutes No-Go.

Nun wird man sich vielleicht Gedanken darüber machen, wie man seinen agilen und umtriebigen Hund denn dann auslasten kann, wenn nicht mit Sport. Zum Beispiel mit geistiger Arbeit wie Suchspielen oder Fährtenlegen. Bei jeglicher Form der Nasenarbeit ist der Hund schon nach 15 Minuten so erschöpft, als wären Sie mit ihm 1 Stunde Rad gefahren.

Das bedeutet nun natürlich nicht, dass Sie mit dem Junghund überhaupt keinen Sport betreiben dürfen oder sollten. Das Ausmaß dessen ist hier das Maß der Dinge. Verantwortungsbewusste Hundeschulen bieten zum „richtigen" Agility, das als amüsant bezeichnete „Hausfrauen-Agility" an. Hier wird nicht über Hürden gesprungen, die 50cm und höher sind. Und natürlich wird auch nicht

gerannt und Haken geschlagen was das Zeug hält, damit die Gelenke und Sehnen des jungen Hundes nicht überbeansprucht werden. Haben Sie also vor, mit Ihrem Hund intensiven Sport betreiben zu wollen, dann warten sie lieber bis er ausgewachsen ist. Ihr Hund wird es Ihnen danken, und Sie werden sich später einmal keine Vorwürfe machen, das Falsche getan zu haben. Und Ihren Geldbeutel wird diese Umsicht ebenfalls schonen, da Sie nicht eventuell einmal viel Geld in die Hand nehmen müssen, um zu versuchen, Ihrem Hund zu helfen bzw. ihn zu heilen. Wie auch bei uns Menschen, sollten wir auch bei unseren Hunden in jungen Jahren darauf achten, dass es ihnen im Alter noch gut geht. Denn der Raubbau in der Jugend sind die Schmerzen im Alter.

8.2 Wie viel Sport darf man betreiben

Wie schon erwähnt, ist bei Welpen und Junghunden weniger mehr. Sobald der Hund ausgewachsen ist, kann man durchaus Gas geben, wobei man immer daran denken sollte, das Tier nicht zu überfordern. Auch im Hundesport sollte man vorsichtig sein, mit zu viel Ehrgeiz Ihren Hund derart zu trainieren, dass trotzdem wieder Gelenks-, Knochen-, und Nervenprobleme anerzogen werden. Gerätschaften sollten nie zu hoch und zu steil sein, denn auf Dauer gehen solche Extrembelastungen immer zu Kosten der Gesundheit, und das darf man nie aus den Augen lassen oder gar vergessen. Im Gunde ist es wie bei uns Menschen auch, jahrelanger Extremsport führt früher oder später einfach zu Problemen im Bewegungsapparat.

Bitte denken Sie auch daran, Sport nicht in der größten Hitze des Tages zu absolvieren. Auch Hunde können zu jeder Zeit einen Hitzeschock erleiden und schlimmstenfalls dabei sterben.

8.3 Treppensteigen und Springen

Im Besonderen dürfen diese beiden Punkte nicht vergessen werden. Auf insgesamt 6 Jahre Erfahrung mit kreuzlahmen Hunden kann ich mit zweier meiner Heute bereits verstorbenen Hunde zurückgreifen. Die eine oder andere sich erst im Alter gezeigten Krankheiten waren bei beiden Hunden sicherlich auf bereits in jungen Jahren erlebte körperliche Traumen zurückzuführen. Erst im Alter von gut 12 Jahren jedoch waren dann die Schäden sichtbar geworden.

Bei meiner Hündin Felina z.B. war es einmal eine winterliche Jagd hinter einem Hasen her über einen gefrorenen Acker, bei der sie sich die Schulter derart gestaucht hatte, dass sich dadurch eine langwierige Gelenksentzündung mit etwas Flüssigkeit im Schultergelenk entwickelte. Zum anderen trugen die Reiß-, und Zerrspiele mit Decken oder Stricken ganz sicher auch dazu bei. Ich bin fest davon überzeugt, dass dies die Anfänge für die späteren Probleme waren. Denn auch, wenn das Schultergelenksproblem nach gut 1 Jahr (!) endlich gefunden und eliminiert werden konnte, merkte man im zunehmenden Alter, dass diese alte Verletzung wieder aufbrach und mit jedem Lebensaltersjahr schlimmer wurde.

Unser Hundemädchen Safi nun sollte deswegen natürlich am besten überhaupt keine Treppen mehr steigen. In den ersten Monaten versuchten wir also, dies absolut zu vermeiden, was uns auch sehr gut gelungen ist. Und auch Heute noch, mit gut 2 Jahren, tragen wir das mittlerweile 25kg schwere Hündchen über 2 Etagen noch immer quer durch unser Haus, auch wenn es sich natürlich nicht zu 100% vermeiden lässt, dass sie nicht doch einmal selbst die Treppen hochsteigt. Insbesondere das Treppensteigen gehört bei Hunden einfach nicht zu einem natürlichen Bewegungsablauf, oder hat

jemand in der freien Wildbahn schon einmal einen Wolfsbau auf Baumhäusern mit Treppenauf-, und -abgängen gesehen? Treppen sind von Menschenhand und für den Menschen geschaffen, und nicht für Hunde. Ebenso versuchen wir, während des Wachstums allzu hohe Sprünge zu vermeiden. Nicht nur Treppen tragen wir unsere Safi nach oben und unten, wir heben sie auch ins Auto, und aus dem Auto wieder heraus. Natürlich werden es die Hundehalter unter Ihnen schwer haben, die sich für eine Rasse entschieden haben, die bereits im Alter von 1 Jahr stolze 50kg auf die Waage bringen. Dazu kann man nur raten, z.B. mit einem Kindergitter vor den Treppenabsätzen dafür zu sorgen, dass Ihr Hund so wenige Treppen wie nur möglich auf sich nimmt. Und für das Auto gibt es im Fachhandel oder auch bei eBay recht gute Hunderampen, über die ein Hund ohne zu springen ins Auto und wieder heraus gehen kann. Umso weniger, umso besser, auch wenn man es wohl nie ganz verhindern kann.

Gefährliche Erkrankungen

Wie bei Kleinkindern auch, können manche Krankheiten für Welpen ebenso gefährlich, und manchmal sogar tödlich sein. Viele Erkrankungen aber kann man vermeiden, wenn man seine Tiere mit den erforderlichen Impfungen immunisiert, und sie so nicht einem erhöhten Erkrankungsrisiko ausgesetzt sind. Die Erläuterung jeder einzelnen Erkrankung mit Ihren Symptomen würde hier allerdings den Rahmen sprengen, Ihr Tierarzt aber ist bestimmt dazu bereit, Ihnen die vielen möglichen Krankheitsbilder eingehender zu erläutern.

Ein wenig sensibilisieren möchte ich Sie in den folgenden Zeilen aber dennoch, um eventuelle Ernstfälle erkennen und einordnen, bzw. schnell und richtig handeln zu können.

9.1 $\mathcal{W}$ann gehe ich zum Tierarzt

Es gibt Erkrankungen für Welpen und Junghunde, die schnell gefährlich werden können. Nicht selten sind Welpen und Junghunde mit Durchfall geplagt, und die Gründe hierfür können vielfältig sein. So kann Durchfall zum Beispiel wegen einer einfachen Futterumstellung oder einer Stresssituation, als auch durch Infekte und Bakterien ausgelöst werden. Ebenso können giftige Pflanzen oder Chemikalien der Auslöser für Durchfall und/oder Erbrechen sein. Ein harmloser Durchfall ist nach nur 1 Tag wieder vorbei, wohingegen durch Infekte, Bakterien oder Giftstoffe das gesamte Wohlbefinden des Hundes beeinträchtigt ist. Je wässriger der Durchfall, umso schneller ist es nötig zum Tierarzt zu gehen, denn bei Welpen und Junghunden besteht dabei die große Gefahr der Austrocknung. Warten Sie in solchen Fällen nicht länger als maximal 1 Tag, und geben Sie Ihrem Hund nur Reis mit etwas abgekochtem Hühnchen, nach und nach in sehr kleinen Portionen, bis der Durchfall wieder weg ist.

Bei Apathie, Fieber, Abgeschlagenheit, hellen Schleimhäuten, häufigem Erbrechen (gegebenenfalls mit Durchfall), Unruhe mit Winseln oder starkem Hecheln, starkem Speichelfluss, Atemnot, Zittern oder Muskelzucken, Schock oder Hitzeschlag sollten Sie nicht lange Nachdenken und „sofort" einen Tierarzt Ihres Vertrauens aufsuchen.

Wenn Sie eine enge Beziehung mit Ihrem Tier aufbauen, werden Sie von ganz alleine auf solche Situationen sensibilisiert werden. Ihnen wird sofort auffallen wenn etwas nicht stimmt, oder es Ihrem Tier nicht gut geht. Sollte es sich nur um leichten bis mittelschweren Durchfall handeln, kann man unter Umständen 1 Tag abwarten, bevor man einen Arzt aufsucht. Handelt es sich aber um schweren Durchfall, dann ist sofortiges Handeln notwendig.

$\mathcal{V}$erletzungen bei Sport und Spiel

10.1 $\mathcal{G}$efährliche $\mathbf{V}$erletzungsarten

Immer wieder kommt es vor, dass trotz Achtsamkeit Unfälle passieren. Hier gilt es in erster Linie Ruhe zu bewahren, und nicht panisch zu reagieren. Jede Form von Panik wird gleichzeitig auf Ihren Hund übertragen und hilft in solchen Fällen eher nicht.

So kann es vorkommen, dass durch einen Sturz das Bein bricht, oder die Bänder reißen. Meistens erkennt man dies daran, dass der Welpe oder Junghund aufjault und das verletzte Bein nicht mehr belasten kann. Unter Umstände steht die verletzte Gliedmaße abnorm vom Körper ab. Hier ist sofortiges Handeln erforderlich, bzw. sollte umgehend ein Tierarzt aufgesucht werden, vor allem, weil der Hund meist in einen Schockzustand gerät, der nur durch den Tierarzt mit der Gabe bestimmter Medikamente unterbrochen werden kann. Wird ein Schock nicht behandelt oder erkannt, kann Ihr Hund sterben. Der Grund dafür ist, dass das Blut aus dem Blutkreislauf in die Extremitäten, also die Beine sackt und die lebenswichtigen Organe nicht mehr mit Blut versorgt werden.

➤ **Wichtig**: Tiere mit Frakturen sind immer schockgefährdet, da sie große Schmerzen haben. Bitte achten Sie bei der Erstversorgung automatisch und immer auf eventuelle Anzeichen eines Schocks.

„Wie erkennt man Schockzustände"

✓	**Die Gliedmaßen** fühlen sich kalt an, weil das Blut im Zentrum des Körpers ist
✓	**Der Puls ist schwach** und geht schnell
✓	**Das Tier zittert** und ist schwach
✓	**Die Schleimhäute** der Augen und des Zahnfleisches sind blass bis bläulich

Wenn alle, oder auch nur eines dieser Anzeichen zu erkennen ist, ist sofortiges Handeln notwendig. Wickeln Sie Ihren Hund am besten in eine Decke, gegebenenfalls mit einer Wärmflasche, und lagern Sie den Kopf höher als den Körper. Suchen Sie nun schnellstmöglich einen Tierarzt auf!

➤ **Hinweis**: Die normale Puls/Herzfrequenz pro Minute liegt beim Hund bei 80-120 Schlägen

Achten Sie beim Transport zum Tierarzt darauf, dass schwere Verletzungsbereiche wie z.B. ein gebrochener Lauf immer oben liegen, also frei sind. Wenn Ihr Hund nicht so schwer verletzt ist, sucht er sich seine Schonhaltung selbst. Wenn Verdacht auf eine Wirbelsäulen-, oder Beckenverletzung besteht, sollte das Tier nur sehr wenig bewegt werden.

Neben Knochenbrüchen sind Biss-, sowie Schnittverletzungen ebenfalls ein häufiges Risiko für junge Hunde.

Sollte Ihr Tier bluten, dann ist es wichtig, die Blutung so schnell wie möglich zu stillen. Nehmen Sie dazu ein sauberes Tuch oder eine Mullkompresse, falls vorhanden. Wenn Sie gar nichts zur Hand haben, dann drücken Sie die Wunde mit Ihren Fingern ab. Prüfen Sie nach ca. 2 Minuten, ob die Blutung aufgehört hat. Falls nicht, wiederholen Sie den Druck auf die Wunde so lange, bis die Blutung gestillt ist. Sollten Sie nicht an die Wunde gelangen, z.B. weil sie sich im Maul des Hundes befindet, so wickeln Sie einen Eisbeutel in ein Tuch ein und kühlen die Stelle von Außen. Und falls sich die blutende Wunde an den Gliedmaßen befindet, dann binden Sie den Fuß mit einem Gürtel oder einem Tuch fest genug, aber nicht zu fest ab. Haben Sie keinen Gürtel zur Hand, dann können Sie auch ein Schuhband verwenden.

Ist die Blutung gestillt, sollten Sie die Wunde unbedingt reinigen. Schneiden Sie die Haare um die Wunde möglichst kurz und nehmen Sie lauwarmes, und am besten abgekochtes Wasser, das Sie in die Wunde fließen lassen. Zur Desinfektion eignet sich Idealerweise eine 3%ige Wasserstoffperoxid Lösung oder Betaisodona Lösung, die Sie in jeder Apotheke erhalten.

Sollte sich ein größerer Fremdkörper in der Wunde befinden, ziehen Sie ihn nicht heraus, es könnte sonst zu sehr starken Blutungen kommen. Schützen Sie die Wunde mit einem sauberen Tuch oder mit Mullkompressen und fahren Sie sofort zu einem Tierarzt oder in eine Tierklinik.

Wenn Sie Gliedmassen verbinden ist es unbedingt ratsam, dass Sie den kompletten Fuß verbinden, da sich sonst eine Venen-, oder Lymphstauung entwickeln kann. Es ist sehr wichtig, dass Sie die Ruhe bewahren und mit klarem Kopf vorgehen und gegebenenfalls einen Tierarzt aufsuchen, je nachdem, wie schwer die Verletzung erscheint. Kleinere Wunden heilen nach mehrfachen täglichen Wunddesinfektionen meist von selbst ab.

➤ **Hinweis**: Oftmals schließt sich eine Wunde zwar recht schnell, aber dennoch können bereits Bakterien eingedrungen sein, die zur Abszessbildung führen können. Beobachten Sie Ihren Hund am besten über mehrere Tage, um festzustellen, ob sich eine Entzündung bildet.

Homöopathische

Notfallapotheke ▶▶▶

| „Arnica" ✓ |
| Potenz C30 oder höher |

| **Verabreichung** |

Einmalgabe, egal wie leicht oder schwer eine Verletzung zu sein scheint, denn Arnica fördert die Wundheilung

Dosis: 3-5 Globulis
Dauer: Einmalgabe

10.2 Erstickungsgefahr beim Spiel

Leider kommt es häufig vor, dass vor allem Welpen und junge Hunde sich am Futter verschlucken. Sie sind gierig und im Spiel unbedacht, so dass sie zu kleine Futterstückchen nicht richtig beißen, sondern einfach schlucken. Und dabei kommt es dann manchmal vor, dass das Futter in die Luftröhre gelangt. Bei Welpen kann das schnell ein lebensbedrohlicher Zustand sein, weil die kleinen Hunde keine Luft mehr bekommen und sich durch Futterreste in der Lunge Wasser ansammeln kann, was zum Tod durch Ertrinken führt. Überlegen sie in einem solchen Fall nicht lange, sondern fahren Sie sofort in eine Tierklinik, oder zu einem gut ausgerüsteten Tierarzt. Jede Minute zählt!

Um solche Situationen zu vermeiden ist darauf zu achten, dass Sie Belohnungshappen wählen, die weich sind, die man also nicht erst großartig beißen muss, bevor man sie verschluckt. Der Hund sollte zudem erst sitzen und wieder zu Luft gekommen sein, bevor er sein Leckerli bekommt.

„Widerbelebungsmaßnahmen im Ernstfall"

Versuchen Sie, erst die Atemwege frei zu bekommen, indem Sie Gegenstände oder Erbrochenes aus dem Mundraum entfernen. Halten Sie das Maul mit der Hand umschlossen und pusten Sie Ihre Atemluft in die Nase des Hundes. Dies wiederholen sie 2-3 Mal.

Dann führen Sie eine Herzmassage durch. Legen Sie Ihr Tier dazu in die Seitenlage und strecken die Vordergliedmaße in einem 90 Grad Winkel. Das Herz befindet sich auf der linken Seite unter dem linken Ellenbogen. Drücken Sie jetzt kräftig alle 2 Sekunden, aber nicht so fest, dass durch zu starken Druck Rippen brechen. Dies wiederholen Sie dann 10mal. Überprüfen Sie nun den Puls und führen diese Maßnahme 5-10 Minuten lang durch. Fahren Sie hinterher oder besser noch währenddessen umgehend zum Tierarzt oder in die Tierklinik.

Vergiftungen

Unsere Hunde sind zwar wie wir Säugetiere, und ähneln deswegen unserem Organismus in vieler Hinsicht, aber dennoch gibt es Pflanzen und Lebensmittel, die nur für Tiere giftig sind und ernste Erkrankungen auslösen können. Vor allem die kleinsten Racker sind in den ersten Wochen voller Tatendrang und nehmen wie Kleinkinder auch alles in den Mund. Sie fressen Pflanzen an, räumen Mülleimer aus, trinken aus jeder Kanne oder jedem Eimer. Deswegen ist Vorsicht besser als Nachsicht. Räumen sie Dünger und andere Reinigungs-, und Putzmittel unbedingt weg.

In den folgenden Kapiteln werden wir noch alle giftigen Pflanzen und Lebensmittel behandeln. Die in ROT gekennzeichneten Pflanzen sind dabei besonders giftig.

11.1 Giftige Zimmerpflanzen

Alpenveilchen Cyclamen spec.	**Amaryllis** Hippeastrum spec.	**Aronkelch** Zantedeschia aethiopica
Azalee Rhododendron simisii	**Baumfreund** Philodendron spec.	**Begonie** Begonis spec.
Bogenhanf Sansevieria trifasciata	**Buntwurz** Caldium bicolor	**Christusdorn** Euphorbia milii
Clivie Clivia miniata	**Efeutute** Scindapsus spec.	**Diffenbachie** Dieffenbachia senguine
Drachenbaum Drecaena drago	**Einblat** Spathiphyllum floribundum	**Fensterblatt** Monstera deliciosa
Ficus-Arten Fucus spec.	**Flamingoblume** Anthurium spec.	**Gummibaum** Ficus elastica
Kaladie Caladium bicolor	**Klivie** Clivia miniata	**Kolbenfaden** Aglaeonema ommutatum
Korallenbäumchen Solan. pseudocapsicum	**Kroton** Codiaeum variegatum	**Palmenfarn** Cycas spec.
Palmilie Yucca elephantipes	**Philodendron** Philodendron spec.	**Prachtlilie** Gloriosa superba
Purpurtute Syngonium pdophyllum	**Riemenblatt** Clivia miniata	**Ritterstern** Hippeastrum spec.
Sansevierie Sansevieria trifasciata	**Weihnachtsstern** Euphoriba pulcherrima	**Wüstenrose** Adenium obesum
Wunderstrauch Codiaeum variegatum	**Yucca** Yucca spec.	**Zimmercalla** Zantedeschia aethiopica

11.2 Giftige Gartenpflanzen

Ackerbohne Vicia faba	**Acker Gauchheil** Anagallis arvensis	**Adonisröschen** Adonis spec.
Aralie Aralia spec.	**Aronstab** Aurum maculatum	**Begonie** Begonia spec.
Belladonnalilie Amaryllis belladonna	**Berberitze** Berberis spec.	**Berglorbeer** Kalmia spec.
Bocksdorn Lycium Barbarum	**Buchsbaum** Buxus sempervirens	**Buchweizen** Fagopyrum esculentum
Busch-Windröschen Anemone nemorosa	**Christrose** Helleborus niger	**Efeu** Hedera helix
Eibe Taxus baccata	**Eisenhut** Aconitum spec.	**Engelstrompete** Brugmansia spec.
Felsenbirne Amelanchier spec.	**Fingerhut** Digitalis purpurea	**Germer** Veratrum spec.
Goldregen Laburnum anagyroides	**Herbstzeitlose** Colchicum autumnale	**Herkulesstaude** Heracleum mantegazz.
Holunder Sambucus niger	**Hortensie** Hydrangea spec.	**Hundspetersilie** Aethusa cynapium
Hyazinthe Hyacinthus officinalis	**Kirschlorbeer** Prunus lauroc erasius	**Klivie** Clivia miniata
Krokus Crocus spec.	**Lebensbaum** Thuja spec.	**Lein** Linum usitatissimum
Liguster Ligustrum vulgare	**Lorbeerrose** Kalmia spec.	**Lupinie** Lupinus spec.

$\mathcal{F}$ortsetzung Giftige Gartenpflanzen

Maiglöckchen Covallaria majalis	**Mistel** Viscum album	**Nachtschatten** Solanum nigrum
Narzisse Narcissus pseudonarc.	**Nieswurz** Helleborus spec.	**Oleander** Nerium oleander
Osterglocke Narcissus pseudonarc.	**Pfaffenhütchen** Euonymus europaeus	**Rhododendron** Rhododendron spec.
Riemenblatt Clivia miniata	**Rittersporn** Delphinium spec.	**Rizinus** Ricinus communis
Robinie Robina pseudoacacia	**Rosskastanie** Aesculus hippocastanum	**Sadebaum** Juniperus sabina
Saubohne Vicia faba	**Sauerdorn** Berberis vulgaris	**Schierling** Conium maculatum
Schlaf-Mohn Papaver somniferum	**Schneeglöckchen** Galanthus nivalis	**Schnurbaum** Sophora japonica
Schwertlilie Iris spec.	**Seidelbast** Daphne mezereum	**Stechapfel** Datura stramonium
Stechpalme Ilex aquifolium	**Stinkwacholder** Juniperus sabina	**Tabak** Nicotiana tabacum
Tollkirsche Atropa belladonna	**Tollkraut** Scopolia carniolica	**Tulpe** Tulpia gesneriana
Wandelröschen Lantana camara	**Wasserschierling** Cicuta virosa	**Windröschen** Anemone ranunculoides
Wolfsmilch Euphorbia spec.	**Wurmfarn** Dryopteris filix-mas	

114

11.3 Giftige Lebensmittel

Auch Lebensmittel können für Hunde giftig sein. Eine Tafel Schokolade z.B. kann beim Hund zum Tod führen, auch Weintrauben sind sehr giftig. Gibt man sie in größeren Mengen, können sie Nierenschäden auslösen. Bei Knoblauch und der Küchenzwiebel gehen die Meinungen auseinander. Da keine ungefährliche Mengenangabe zu finden ist, sollte man aber besser auf diese Nahrungsmittel verzichten. Knoblauch und Zwiebeln enthalten das für Hunde giftige N-Propyldisulfid, und kann zu Blutarmut und Vergiftungen führen.

Und auch hier gilt wieder: Die in ROT gekennzeichneten Lebensmittel sind besonders giftig für Hunde.

Avocado	Kakao	Knoblauch
Persea gratissima	Theobroma cacao	Allium sativum
Rosinen	Schokolade	Weintrauben
Vitis vinifera ssp. Sativa	Socolata	Vitis vinifera ssp. Sativa
Küchenzwiebel		
Allium cepa		

11.4 *W*ie erkenne ich eine Vergiftung

Vergiftungen zeigen sich nicht immer im selben Verlauf, sondern manchmal auf sehr unterschiedliche Art und Weise, und nicht immer müssen alle folgend angegebenen Symptome zutreffen.

„**M**ögliche **S**ymptome können sein"

✓	**Plötzliches Erbrechen** (Erbrochenes muss nicht schaumig sein, häufiges Erbrechen hintereinander)
✓	**Akute** Bauchschmerzen
✓	**Plötzliche Schwäche** oder Zusammenbruch
✓	**Starker Durchfall** mit eventueller Blutbeimischung
✓	**Starkes** Speicheln
✓	**Atemnot**
✓	**Fieber**
✓	**Krampfanfälle**
✓	**Überempfindlichkeit**, Zucken, gesteigerte Reaktionen auf äußere Reize
✓	**Blutungen an den** Schleimhäuten oder blutiger Urin
✓	**Muskelzittern**, Lähmungen

Zu den häufigsten Vergiftungen zählen vor allem Mittel, die zur Schädlingsbekämpfung und Unkrautvernichtung eingesetzt werden. Nachfolgend werden die verschiedenen Wirkstoffe mit ihren unterschiedlichen Symptomen aufgezeigt.

> ➤ **Cumarinderivate**, die als „Rattengift" eingesetzt werden, spielen sehr oft eine Rolle bei Vergiftungen.

> Die Vergiftungsgefahr durch Fressen der Nager selbst ist weniger gefährlich, als die wiederholte Aufnahme des Präparates an sich. Gefährlich wird es daher zumeist durch die

Aufnahme durch ausgelegte Giftköder. Cumarin wirkt als Antikoagulanz, das die Prothrombinbildung in der Leber blockiert, so dass es durch Blutgerinnungsstörungen und Schädigung der Blutgefäßwände zu Blutungen im gesamten Körper kommt. Erste Vergiftungssymptome treten durch die körpereigenen Prothrombinreserven erst nach einigen Tagen auf: Helle Schleimhäute, Blutungen aus allen Körperöffnungen, erhöhte Herzfrequenz, schwacher Puls, Atemnot, das Tier zeigt jedoch keine Schmerzen. Rechtzeitig erkannt kann man die Cumarin-Vergiftung neben der Notfallbehandlung durch Vitamin K-Gaben (Antidot) über mehrere Tage therapieren.

➤ **Organophosphat-Vergiftungen** spielen vor allem als Schädlings-, und Unkrautvertilgungsmittel eine Rolle.

117

Vergiftungssymptome können bereits nach 30 Minuten auftreten und äußern sich durch starken Speichelfluss, Erbrechen, Durchfall, Krampfen, Blutdruckabfall, Verlangsamung des Herzschlages, Muskelzittern und Muskelsteife, Pupillenengstand, Harnabsatz und Lähmung. Organophosphate gelangen auch ins Gehirn, was am Ende zum Koma mit Atemlähmung führt. Darum ist hier ein schnelles Handeln von Nöten.

➤ **Schwermetall Thallium** wird zur Bekämpfung von Schadnagern eingesetzt und führt bei akuter Vergiftung bzw. durch direkte Aufnahme zu einer schweren Magen-Darm-Entzündung mit Erbrechen von Blut. Es kommt zu Bauchschmerzen mit Futterverweigerung und evtl. zu blutigem Durchfall. Die Symptome treten innerhalb von 4 Tagen auf und zeigen sich unter anderem durch Atemnot, Zittern und Krampfen.

➤ **Metaldehyd** ist als Schneckengift bekannt und durch seinen süßen Geschmack für Hunde sehr attraktiv. Erste Symptome treten bereits nach 30 Minuten bis wenigen Stunden auf und beginnen mit starkem Speichelfluss. Es kommt zu schnellem Erbrechen, Unruhe, Koordinationsstörungen, Durchfall, Atemnot, Zittern, Krampfen, Lähmungen, hohem Fieber und schließlich zur Bewusstlosigkeit. Da es kein Gegengift gibt, ist eine schnelle Entgiftung notwendig.

11.5 Was kann ich bei einer Vergiftung tun

Versuchen Sie die Art des Giftes herauszufinden, wenn es sich bei Ihnen zu Hause zugetragen hat, und stellen Sie Probenmaterial sicher. Sehen Sie in den Mundraum Ihres Tieres und entfernen Sie mögliche Rückstände des Giftes. Nach evtl. Wiederherstellen der lebenswichtigen Funktionen sollten Sie so schnell wie möglich den Tierarzt aufsuchen, denn unterschiedliche Gifte verlangen unterschiedliche Behandlung.

Solange sich das Gift im Magen befindet, wird der Tierarzt den Hund zum Erbrechen bringen. Erbrechen ist allerdings nur innerhalb der ersten 1 bis 1 ½ Stunden nach Beginn der Vergiftung sinnvoll.

„Giftnotruf für Tiere"

✓	**Notrufzentrale Berlin** Tel.: 030 / 1 92 40
✓	**Notrufzentrale Erfurt** Tel.: 0361 / 73 07 30
✓	**Notrufzentrale München** Tel.: 089 / 1 92 40
✓	**Notrufzentrale Schweiz** Tel. 0041/145
✓	**Notrufzentrale Großbritannien** Tel.: 0044 / 1232 / 24 05 03

Sommer und Winter

Auch die unterschiedlichen Jahreszeiten haben ihre jeweils eigenen Eigenschaften. In den folgenden Zeilen finden Sie einige Tipps zum richtigen Umgang mit Hitze und Kälte.

12.1 Puppies und Junghunde im Schnee

Schnee ist für Welpen und Junghunde ein tolles Erlebnis. Sie toben sehr gerne in der nasskalten Jahreszeit durch Schnee und Eis. Allerdings können durch Schnee und Eis auch schnell Verletzungen an der Pfote entstehen.

Da eisige Temperaturen uns Menschen dazu verpflichten, Straßen und Gehwege mit Streusalz zu behandeln, ist vor allem hier erhöhte Vorsicht geboten, denn Streusalz kann für die Hundepfote sehr schmerzhaft sein. Deswegen ist es wichtig, die Pfoten Ihres Hundes nach jedem Spaziergang mit lauwarmem Wasser zu säubern. Zum Schutz der Hundepfote kann man zudem zu lange Haare zwischen den Ballen etwas zurückschneiden, denn dort sammelt sich Schnee und bildet eisige und harte Klumpen, die verständlicherweise massiv zu drücken beginnen. Wenn Sie die Pfoten vor dem Spaziergang jedoch mit einer speziellen im Handel erhältlichen Creme oder auch einfachem Vaseline einreiben, verhindern Sie Risse in der Hornhaut der Pfoten. Sollte sich zu viel Schnee und Eis zwischen den Ballen gebildet haben, dann entfernen sie es am besten bereits während des Spaziergangs. Spätestens wenn Ihr Hund nur noch auf 3 Beinen unterwegs ist oder versucht einen Lauf auszustrampeln, sollte man aktiv werden.

Verwenden Sie eine Creme oder Vaseline am besten erst unmittelbar zu Beginn des Spaziergangs, denn es Zuhause bereits aufzutragen, um erst noch mit dem Auto eine Weile fahren zu müssen bis man im Revier ankommt, wird das Hündchen nur dazu verleiten, sich das feuchtklebrige Zeug wieder von den Pfoten zu lecken. Und bei zuviel Creme oder Vaseline kann wiederum Brechreiz und Durchfall in Erscheinung treten.

12.2 Puppies und Junghunde im Sommer

Ebenso wie die kalte, hat auch die warme Jahreszeit ihre Tücken. Das Wichtigste natürlich zu Beginn. Lassen Sie Ihren Hund unter keinen Umständen in drückender Hitze im Auto sitzen. Hunde können nicht schwitzen, deswegen erhitzt sich ihr Körper sehr schnell, was wiederum dazu führt, dass das Blut verdickt. Dies geschieht schon innerhalb kürzester Zeit. 30 Minuten können bei einer Innentemperatur von 25 Grad schon zu lange sein, und bestimmt niemand möchte vom Einkauf zurückkommen und seinen toten Hund im Auto vorfinden. Lassen Sie Ihren Liebling bei großer Hitze lieber zu Hause, und geben Sie ihm die Möglichkeit, sich ein kühles Plätzchen zu suchen. Lange Spaziergänge in der Mittagshitze sind ebenfalls nicht anzuraten, da auch Hunde einen Hitzschlag erleiden können. Sollte Ihr Hund in eine solche Situation geraten, dann versuchen sie die Körpertemperatur mit kühlen Tüchern zu senken. Wenn sich die Temperatur innerhalb einer halben Stunde nicht nach unten verringert, sollten Sie unbedingt einen Tierarzt aufsuchen, da auch hier erhöhte Schockgefahr besteht. Gehen sie lieber in den Morgens und in den Abendstunden spazieren, und suchen sie im Sommer zu jeder Tageszeit schattige Wege aus. Zudem ist es ratsam, immer eine Trinkflasche mit Wasser mitzunehmen, oder an sauberen Bächen oder Seen spazieren zu gehen

$\mathcal{W}$as noch wichtig ist

13.1 $\mathcal{V}$ersicherungen

Wie für alles gibt es natürlich auch, wenn auch nur für fast alle Hunderassen, spezielle Versicherungen.

Neben einer herkömmlichen Haftpflichtversicherung für Tiere bieten die Versicherungsgesellschaften nun seit ein paar Jahren auch Krankenversicherungen für Hunde an.

Immer mehr Gesellschaften springen auf diesen Zug auf, so dass auch hier das Angebot immer größer und umfangreicher wird. Es gilt aber in jedem Fall zu vergleichen und abzuwägen. Bei einigen Versicherungen gibt es so genannte Komiverträge, die eine Tierhalterhaftpflicht-, und Krankenversicherung im Paket anbieten, zu einem recht guten Preis nebenbei bemerkt von etwa 20,- EUR pro Monat bei mittelgroßen Hunden.

Es ist allemal überlegenswert, ob es sinnvoll ist vorzusorgen, denn der Welpe bleibt ja nicht immer klein, und im Alter oder auch beim Spiel können auch schnell einmal kostspielige Verletzungen entstehen. Eine Tierhalterhaftpflichtversicherung aber sollte in jedem Fall abgeschlossen werden. Gute und seriöse Hundeschulen werden ohnehin keinen Welpen oder Junghund in die Gruppe aufnehmen, der noch keine Haftpflichtversicherung vorweisen kann.

Nachwort und Widmung

Ich hoffe, dass ich viele Ihrer Fragen beantworten, und Ihnen bei Ihren Entscheidungen ein wenig helfen konnte. Ich wünsche Ihnen von Herzen viel Freude mit einem gesunden und vitalen Hund und natürlich viele, viele glückliche Jahre mit Ihrem neuen Freund und Lebenspartner.

Widmen möchte ich dieses Buch meiner lieben Hündin Safi, ohne die ich diesen Ratgeber wohl nie hätte verwirklichen können. Im Alter von 8 Wochen zu uns gekommen, merkten wir sehr schnell, dass der richtige Umgang mit einem Welpen eine ganz andere Liga ist, als über Jahrzehnte hinweg nur ausgewachsene Hunde zu haben, obwohl mich Hunde bereits seit meinem frühesten Kindesalter begleiten.

Glossar

· Parvovirose

Hoch ansteckende und akut verlaufende Infektionskrankheit bei
Hunden, auch als Hundepanleukopenie bekannt. Diese Krankheit ist
hinsichtlich ihres Verlaufes mit der Katzenseuche verwandt.
Hauptsächlich erkranken an Parvovirose kleine Welpen im Alter von
etwa 2 bis 16 Wochen.

· Staupe

Staupe ist eine Viruserkrankung, die bei Hunden, Robben, Mardern,
Stinktieren und kleineren Bärenarten auftreten kann. Kennzeichnend
für Staupe sind hohes Fieber und massive Abgeschlagenheit. Es
können Durchfall, Erbrechen und Atemwegssymptome auftreten. Die
Schädigung des Gehirns mit zentralnervösen Erscheinungen ist im
weiterer Verlauf nicht auszuschließen.

· Leptospirose

Bei der Leptospirose handelt es sich um eine Infektionskrankheit, die
durch Krankheitserreger der Gattung Leptospira (Spirochäten)
verursacht bzw. ausgelöst wird. Die Leptospirose ist eine
meldepflichtige Zoonose, deren Wirte vor allem Ratten und Mäuse,
und unter Umständen auch Schweine und Rinder sein können. Die
Übertragung auf den Menschen erfolgt durch den Kontakt mit
Gewebe infizierter Tiere, verunreinigtem Wasser, oder auch durch
den Kontakt mit Blut und Urin.

· Hepatitis

Als Hepatitis wird die Entzündung der Leber bezeichnet, für die verschiedenste Ursachen verantwortlich sein können. Führt eine auf eine andere Erkrankung zugrunde liegende Infektion zu einer solchen Leberentzündung, so ist damit meist die Begleithepatitis gemeint. Je nach Krankheitsverlauf unterscheidet man zwischen der akuten und der chronischen Hepatitis. Bei Hunden spricht man von Hepatitis contagiosa canis (Ansteckende Leberentzündung der Hunde).

· Tollwut

Die Tollwut ist eine seit tausenden Jahren bekannte Virusinfektion, die bei Tieren und Menschen eine sehr akute und tödliche Enzephalitis (Gehirnentzündung) verursachen kann. Ausgelöst wird Tollwut bei Menschen meist durch das so genannte Rabiesvirus. Viele warmblütige Tiere können mit dem Tollwutvirus infiziert werden, unter den Pflanzenfressern ist diese Krankheit jedoch eher selten.

· Parainfluenza

Die Parainfluenza wird durch unterschiedliche Parainfluenzaviren aus der Familie der Paramyxoviren ausgelöst. Die Infektion mit Parainfluenzaviren ist an grippeähnlichen Symptomen zu erkennen. Parainfluenzaviren sind auf der ganzen Welt verbreitet. Die Übertragung dieser Viren erfolgt durch die so genannte Tröpfcheninfektion. Parainfluenza kann aber auch sehr langwierige Superinfektionen auslösen. Der Infektionsverlauf der Krankheit unterscheidet sich von der Disposition und Konstitution des erkrankten Tieres. Parainfluenzaviren kommen meist in vier Serotypen vor.

· Zwingerhusten

Als Zwingerhusten (Tracheobronchitis) bezeichnet man die Erkrankung der oberen Atemwege bei Hunden, die durch verschiedene Erreger ausgelöst wird. Typisch für den Zwingerhusten ist eine Art bellender Husten, der auch mit „Verschlucken" verwechselt werden kann. Der Hund hustet bei dieser Erkrankung nicht ständig. Es kann sein, dass Zwingerhusten nur bei körperlichen Belastungen auftritt.

· NFE-Inhaltsstoffe

Die so genannte Futtermittelanalytik enthält unterschiedliche Untersuchungen, um Nährwerte und Schadstoffgehalte eines Futtermittels zu ermitteln. Futtermittel haben bestimmte Mindest-, und auch Höchstwerte an Nährstoffen (Fette, Ballaststoffe, Proteine Mineralstoffe). Seit der BSE-Krise hat die Futtermittelanalytik eine besondere Stellung eingenommen, denn Futtermittel für Wiederkäuer dürfen seit der BSE-Krise keine tierischen Proteine mehr enthalten.

· Kalzium

Calcium, oder auch Kalzium genannt, ist ein chemisches Element (Ca) mit einer so genannten Ordnungszahl 20. Im Periodensystem steht Kalzium in der zweiten Hauptgruppe und zählt zu Erdalkalimetallen. Reines Kalzium ist ein glänzendes, fast silberweißes Metall. In der Natur kommt Kalzium nur in der Form als Bestandteil anderer Mineralien vor. Zu diesen Mineralien gehören Kalkstein, Marmor, Kalkspat oder Calcit, sowie Kreide und Gips. Kalzium ist ein wesentlicher Bestandteil der Knochen bei Tieren und Menschen.

· Phosphor

Phosphor ist ein chemisches Element (P) und hat die Ordnungszahl
15. Es steht im Periodensystem in der fünften Haupt-, oder auch
Stickstoffgruppe. Phosphor kommt in vielen unterschiedlichen
Modifikationen vor. Phosphorverbindungen sind für alle Lebewesen
gleich ob Mensch oder Tiere essenziell, und beim Aufbau und der
Funktion von Organismen in allen zentralen Bereichen des Körpers
beteiligt, wie z.B. der DNA und der zellulären Energieversorgung.

· Cumarin

Cumarin ist ein in der Natur vorkommender Pflanzenstoff, der in
Schmetterlingsblütlern und Ruchgräsern wie z.B. dem gelben
Steinklee, im Waldmeister, in Datteln, in der Weichselkirsche, der
Zimtkassie und der Tonkabohne enthalten ist. Cumarin ist für den
auftretenden Heugeruch beim Trocknen von Gras verantwortlich.
Kommen durch die Zerstörung oder Verwesung einer Pflanzenzelle
Glykosid und Glykosidase zusammen, wird das Glykosid hydrolytisch
gespalten, so dass Cumarin freigesetzt wird und so seine volle
Wirkung entfalten kann.

· Antikoagulanz

Zur Hemmung der Blutgerinnung wird die Gabe eines Medikamentes
als so genannte Antikoagulation bezeichnet. Und das verabreichte
Medikament nennt man dann Antikoagulans. Die Bezeichnung
Blutverdünner ist dabei jedoch irreführend, da solche Medikamente
das Blut nicht tatsächlich dünner machen. Eine tatsächliche
Blutverdünnung stellt nur die Hämodilution dar.

· Organophosphat

Phosphorsäureester sind Ester der *ortho*-Phosphorsäure, die durch die Reaktion von Säure und Alkoholen unter der Abspaltung von Wasser entstehen. Sie werden als Phosphate / Organophosphate bezeichnet, gehören aber nicht zu Organophosphorverbindungen, da hier keine Kohlenstoff-Phosphorbindung vorhanden ist.

· Thallium

Thallium ist kein eher seltenes Element. Es gibt aber nur wenige Mineralien mit einem hohem Thalliumgehalt wie z.B. den Crookesit, den Lorandit, und den Hutchinsonit. Thallium ist als Begleitmaterial in kaliumhaltigen Böden und Graniten enthalten. Zur so genannten Verhüttung von Kupfer, Blei, Zink und anderen Erzen ist die jeweils anfallende Menge meist ausreichend.

· Metaldehyd

Metaldehyd ist ein so genannter cyclischer Ether. Unter der Bezeichnung Metaldehyd wird auch das polymere Acetaldehyd vertrieben. Als Trockenbrennstoff und Molluskizid findet es seine Verwendung, und darf laut Kosmetikverordnung nicht bei der Herstellung von kosmetischen Mitteln sowie deren Behandlung am Tier und Mensch verwendet werden. Metaldehyd ist unter anderem in Schneckenkorn enthalten.